Hasenclever · Der Sohn

Walter Hasenclever
Der Sohn

Ein Drama in fünf Akten

Nachwort von
Georg-Michael Schulz

Philipp Reclam jun. Stuttgart

Umschlagabbildung:
Ernst Deutsch als Sohn. Lithographie von
Rochus Gliese (1891–1978)

Universal-Bibliothek Nr. 8978
Alle Rechte vorbehalten
© für diese Ausgabe 1994 Philipp Reclam jun. GmbH & Co., Stuttgart
Lizenzausgabe mit Genehmigung der Akademie der Wissenschaften
und der Literatur, Mainz
Der Text folgt der Edition: Walter Hasenclever, *Sämtliche Werke*,
in Zusammenarbeit mit der Akademie der Wissenschaften und der
Literatur, Mainz, herausgegeben von Dieter Breuer und Bernd Witte,
Band 2,1: *Stücke bis 1924*, bearbeitet von Annelie Zurhelle und
Christoph Brauer, Mainz: v. Hase & Koehler, 1992
© 1992 Akademie der Wissenschaften und der Literatur, Mainz
Gesamtherstellung: Reclam, Ditzingen. Printed in Germany 1994
RECLAM und UNIVERSAL-BIBLIOTHEK sind eingetragene
Warenzeichen der Philipp Reclam jun. GmbH & Co., Stuttgart
ISBN 3-15-008978-6

Der Sohn

Personen

Der Vater
Der Sohn
Der Freund
Das Fräulein
Der Hauslehrer
Der Kommissar
Adrienne
Cherubim
Herr von Tuchmeyer
Fürst Scheitel

Zeit

Heute.
In einem Verlaufe von drei Tagen.

Erster Akt

Erste Szene

Das Zimmer des Sohnes im elterlichen Hause. In der Mittelwand ein großes Fenster mit Ausblick in den Park; fern die Silhouette der Stadt: Häuser, ein Fabrikschornstein.
Im Zimmer die mäßige Eleganz eines angesehenen Bürgerhauses. Möbel in Eichenholz: die Ausstattung eines Studierzimmers; Bücherschränke, Arbeitstisch, Stühle, Landkarte. Türe rechts und links. Die Stunde vor der Dämmerung.
Der Sohn. Der Hauslehrer.

DER SOHN Ich bin 20 Jahre alt und könnte am Theater sein oder in Johannisburg Viadukte bauen. Weshalb muß es an der Formel für den abgestumpften Kegel scheitern! Alle Professoren waren mir gewogen, sogar der Direktor sagte mir vor. Ich hätte die Aufgabe glänzend gelöst – wäre ich nicht im letzten Augenblick geflohn. Ich glaube, es gibt etwas, das zwingt uns zum Schmerz. Ich hätte die Freiheit nicht ertragen. Vielleicht werde ich niemals ein Held.

DER HAUSLEHRER Sie haben also die Matura nicht bestanden. Wie oft habe ich mit Ihnen hier an diesem Tische gesessen und mit Ihnen die Formeln gepaukt. Habe ich Ihnen denn nicht erklärt, daß man den kleinen vom großen Kegel subtrahiert! Antworten Sie!

DER SOHN Ja, Herr Doktor. Sie haben es mir erklärt. Ich verstehe Ihren Schmerz. Sie sind traurig, weil dieser Kegel in der Welt ist. Glauben Sie mir, ich bin es nicht mehr! Mir fehlt sogar die vergängliche Pose, die sich noch unter Tränen verhöhnt. Sie werden sagen, ich sei ein Schwächling oder ein Schurke. Aber ich sage Ihnen: ich stand im schwarzen Rock vor der schwarzen Tafel – und wußte genau, daß ich die Kreide in der Hand hatte. Ich wußte sogar, daß man den kleinen vom großen Kegel subtrahiert und trotzdem – ich habe es nicht getan.

DER HAUSLEHRER Aber weshalb nicht! Ich frage Sie, weshalb?

DER SOHN Jemand wurde vor mir in Geschichte geprüft: 1800-soundsoviel war die Schlacht bei Aspern. Und während meine Hand unwirklich die Kreise an der Tafel beschrieb, sah ich Erzherzoginnen und fliehende Boulevards ... Sie werden begreifen, daß man in dieser Süßigkeit allein schon die Mathematik vernichtet. Die Auflösung einer einzigen Klammer hätte mich gerettet. Ich habe es vorgezogen, mich in ihr zu verachten.

DER HAUSLEHRER Wir hätten in den letzten Tagen nicht so viel arbeiten sollen. Ihr Zustand ist begreiflich. Sie stehn unter einer seelischen Depression.

DER SOHN Ich glaube, die Seele der Menschen ist nicht so einfach. Dieser Tag ist ein Erlebnis. Meine Sehnsucht, frei zu werden, war zu groß. Sie war stärker als ich, deshalb konnte ich sie nicht erfüllen. Ich habe zu viel empfunden, um noch Mut zu haben. Ich bin an mir selber verblutet. Ich werde wohl niemals die Kraft haben, das zu tun, wofür ich da bin. Jetzt sehen Sie ein, daß ich die Matura nicht bestehen konnte: ich wäre an irgend etwas zugrunde gegangen.

DER HAUSLEHRER Beruhigen Sie sich. Es ist nicht so schlimm.

DER SOHN Ich danke Ihnen. Sie sind gut zu mir. Man wird Sie davonjagen, weil ich ein Idiot bin.

DER HAUSLEHRER Ich wollte, ich könnte Ihnen helfen.

DER SOHN Mein Vater wird dafür sorgen, daß es nicht geschieht.

DER HAUSLEHRER Wie werden Sie es ihm sagen?

DER SOHN Bitte telegraphieren Sie ihm, Sie wissen seine Adresse. Es ist mir unmöglich, das selber zu tun. Ich fürchte seinen Zorn nicht, doch ich leide an jedem Menschen und an jeder Straße. Ich bin gedemütigt durch jede Existenz, die meine Sehnsucht nach ihr verringert. Ich finde es empörend, daß ein Gebäude entsteht, aus dem man vermittels elektrischer Wellen die Lüfte ruiniert. Wie hasse ich dies Communiqué zwischen Kaiser und Kommis! Der Teufel hat dafür gesorgt, daß sich jede Braut und jeder Sterbende noch um die Erde drahtet.

DER HAUSLEHRER Ich möchte Ihnen etwas sagen. – Seien Sie nicht bekümmert meinetwegen, wenn Ihr Vater mich nach Ihrem Durchfall entläßt ...

DER SOHN *schnell* Sie haben Familie und müssen sorgen. Ich bin schuld, wenn Sie unser Haus verlassen. Das tut mir leid.

DER HAUSLEHRER Das soll Ihnen nicht leid tun! Denken Sie an sich. Wenn ich auch nur Ihr Hauslehrer bin – glauben Sie mir – ich liebe Sie trotzdem!

DER SOHN *ergreift seine Hände* Mein alter Freund, ich wußte es, daß Sie mich lieben. Eines Tages, wenn ich geerbt habe, will ich Sie einladen auf eine Reise nach Paris oder Hindostan. Dann werden wir in den Louvre gehn und mit arabischen Mädchen soupieren. Die Erde, die uns trennt, ist nicht so groß! Auch für Sie leben die Götter Homers und Schillers Lied an die Freude.

DER HAUSLEHRER Was werden Sie jetzt tun?

DER SOHN Vielleicht einen Monolog halten. Ich muß mich aussprechen mit mir. Sie wissen, daß man sonst diese Mode verachtet. Ich habe es niemals als schimpflich empfunden, vor meinem eignen Pathos zu knien, denn ich weiß, wie bitterernst meine Freude und mein Schmerz ist. Seit meiner frühesten Kindheit hab ich gelernt, die Einsamkeit um mich her zu begeistern, bis sie in Tönen zu mir sprach. Noch heute kann ich in den Garten gehn und vor etwaigen Bäumen eine Symphonie dirigieren und mein eigner Tenor sein ... Kennen Sie das Gefühl nicht?

DER HAUSLEHRER *bescheiden* Wir wohnen auf einer Etage.

DER SOHN Wenn sie Beifall rufen und man sich verbeugen muß mit einer Nelke im Knopfloch ...

DER HAUSLEHRER Wer ruft denn?

DER SOHN Die Leute, die nicht da sind! Begreifen Sie doch, Mensch: man lebt ja nur in der Ekstase; die Wirklichkeit würde einen verlegen machen. Wie schön ist es, immer wieder zu erleben, daß man das Wichtigste auf der Welt ist!

DER HAUSLEHRER Was soll ich Ihrem Vater telegraphieren?

DER SOHN Schonen Sie ihn nicht: er haßt mich! Ich weiß, er wird rasen. Ich bin feige, sonst würde ich lügen, man habe mich von der Schule gejagt, daß um eine Stunde seine Wut sich vergrößert. Telegraphieren

Sie ihm alles, was Sie wollen – nur nicht, daß Sie mich lieben.

DER HAUSLEHRER Ich verstehe Ihren Vater nicht.

DER SOHN Wenn Sie selber einmal Vater sind, werden Sie genau so wie er. Der Vater – ist das Schicksal für den Sohn. Das Märchen vom Kampf des Lebens gilt nicht mehr: im Elternhaus beginnt die erste Liebe und der erste Haß.

DER HAUSLEHRER Aber sind Sie nicht der Sohn?

DER SOHN Ja, deshalb bin ich im Recht! Das kann keiner verstehn außer mir. Später verliert man die Balance mit sich in dieser Zeit. Lieber Doktor: vielleicht werden wir uns nicht wiedersehn. Hören Sie noch einen blutenden Rat aus meinem Herzen: wenn Sie jemals einen Sohn haben, setzen Sie ihn aus oder sterben Sie vor ihm. Denn der Tag kommt, wo Sie Feinde sind, Sie und Ihr Sohn. Dann gnade Gott dem, der unterliegt.

DER HAUSLEHRER Lieber Freund, wir werden uns allesamt in dieser Welt verirren. Weshalb wollen Sie so grausam sein! Gehn Sie doch auf die Straße, und sehen Sie ein Tier an, das vor dem Donner erschrickt. Wissen Sie, wie hungrigen Mädchen zumute ist, und sind Sie einmal einem Krüppel begegnet, der morgens um 6 Uhr Brot holt? Dann werden Sie dankbar sein, einen Vater zu haben. Jedem von uns geschieht Unrecht, und jeder tut Unrecht. Wer wirft den ersten Stein! Ich war ein armer Hund, und mein Vater hat für mich gearbeitet. Ich habe gesehn, wie er gestorben ist. Und ich habe geweint. Wer das erlebt hat, der richtet nicht mehr.

DER SOHN Wer hilft mir, wenn ich traurig bin? Glau-

ben Sie, ich kann einschlafen jeden Abend, wenn ich schlafen muß? Glauben Sie, ich wüßte nicht, wie weh es tut, wenn man am Sonntag nicht aus dem Hause darf, wo doch jedes Dienstmädchen zum Tanze geht?
Mein Vater wird niemals dulden, daß jemand auf der Welt mein Freund ist. Ich habe die Süßigkeit eines ärmsten Bewohners noch nie gekostet. Und weshalb redet er nicht mit mir über Gott? Weshalb spricht er nicht von Frauen? Weshalb muß ich heimlich Kant lesen, der mich nicht begeistert? Und weshalb dieser Hohn über alles, was doch weltlich ist und schön? Glauben Sie, es genügt, wenn er mir manchmal am Abend das Sternbild des großen Bären zeigt? Er sitzt mit seiner Zigarre unten auf der Terrasse, wenn längst kein Automobil mehr in die Stadt fährt. Aber ich stehe oben und kämpfe mit allen Göttern und sterbe vor einer Frau, die ich noch nicht kenne. Wie oft bin ich des Nachts im Hemd über die Stiegen gewandelt, sehnsüchtig wie ein Geist, der keine Ruhe findet.

DER HAUSLEHRER Hätten Sie noch eine Mutter, Ihnen wäre wohl.

DER SOHN Meine Mutter starb bei meiner Geburt. Ich weiß nichts von ihr. Alle schlafen in der Nacht, wenn ich unglücklich bin. Meine Mutter ist mir nie erschienen im Gold eines Himmeltags. Sie hat mich nie getröstet, wenn das Fieber kam. Ich glaube, sie ist zu jung, um das zu verstehn. Meine Mutter hat mit 18 Jahren geheiratet. Wie fern und kindlich ist die Zeit, in der ich geboren bin!

DER HAUSLEHRER Ich weiß nicht, was ich Ihnen sagen soll. Ich möchte nicht, daß diese Stunde in den Brunnen fällt, ohne daß ein Tropfen von Güte über Sie komme. Vielleicht meint Ihr Vater es dennoch gut mit Ihnen! Später werden Sie erfahren, wie schwer es ist, einen andern zu lieben. Heute kennen Sie keinen als sich. Ich habe viel Übles erduldet in meinem Leben, aber ich möchte niemandem dafür etwas antun. Und weil ich das erkannt habe, will ich meiner grauen Haare froh sein.

Lieber Junge, es kommt noch so viel Zeit zum Hassen. Ich fühle, ich bin arm vor Ihnen, denn ich kann Ihnen nicht helfen. Sie rühren mich so ... verzeihn Sie ... *Er weint* ...

DER SOHN Vor einem Jahre hätte ich mit Ihnen geweint aus Angst. Heute muß ich lachen. Mich ekelt vor diesen Gefühlen. Wollen Sie ein Glas Wasser?

DER HAUSLEHRER Ich danke, es ist vorüber. Ich würde Sie nicht überzeugen, und wenn ich der Prophet Jesaia wäre. Darüber muß ich viele Tage nachdenken, um wieder an Gott zu glauben. Weshalb gibt es Feindschaft auf der Welt!

DER SOHN Es riecht nach Heilsarmee.

DER HAUSLEHRER Leben Sie wohl. Sie sind jung. Sie sollen wissen, daß Sie leben. Alles was Sie tun, wird deshalb gut sein: wie könnte es anders geschehn! Jetzt lachen Sie über mich, weil ich von Liebe spreche. Einmal wird es auch über Sie kommen und Sie werden weinen. Dann denken Sie an mich! – Jetzt will ich Ihrem Vater telegraphieren. *Er geht ab.*

Zweite Szene

DER SOHN *allein. Er geht zum Fenster und öffnet es. Die Abendsonne scheint.*

> Dort unten, tief und herrlich ohnegleichen,
> sind Wundernächte, die mich nie erreichen
> im dumpfen Raum, der meine Kindheit sah.
> Ihr Bücherschränke und ihr Schülerhefte,
> erhebt euch, süße, zauberische Kräfte
> und du, mein erster Weg nach Golgatha.
> Die Sonne sinkt. Riviera meiner Träume,
> im Tenniskleide, wo ich dunkel stand –:
> ich ruf euch her, ihr Wege und ihr Bäume,
> du Sonntagsball in meiner Kinderhand!
> O komm, im Schweben eines Nachbarhauses,
> liebliches Mädchen, das ein Gruß entzückt;
> steig auf, Geruch des festlichen Geschmauses,
> hast oft den Einsamen zur Nacht beglückt.
> In meinem alten Zimmer will ich knien –
> mein ganzes Leben stürzt in diesen Saal:
> Mein Tisch, mein Stuhl, ihr Wände sollt nicht
>   fliehen –
> o Erde, nimm mit mir das Abendmahl!

Er kniet nieder mit ausgebreiteten Armen.

> Vergebens klopf ich an dem bronzenen Tore,
> das mein Gefängnis von den Gärten trennt;
> Musikkapellen und den Tanz im Ohre,
> ein armer Körper, der am Staub noch brennt.
> Und doch ich lebte, lebte unermessen
> auf diesem Boden, den ich nie besessen,
> das Leben grenzenloser Sehnsucht hin.

Zweite Szene

Und hab ich nicht die Kraft, es zu erringen,
will ich mich rückwärts in die Leere schlingen,
aus der ich mutlos nur gelandet bin.
Hinauf denn, seidne Schnur, mich zu vernichten!
Ich habe nie geliebt und bin allein.
Du letzter Kreis von sterblichen Gesichtern –
beflügle mich zu einem neuen Sein!

Er hat eine grüne Schnur aus der Tasche gezogen und am Fenster befestigt.

Grünes Geschöpf aus fremder Menschen Hände:
was überwältigt mich dein Anblick so?
Bin ich nicht auch ein Mensch – ist das das Ende –
o Abendsonne! Herz, ich bin so froh.
Mußt du mich hier an dieser Stelle finden!
Hand läßt nicht los, und Erde will nicht schwinden.
Ein unbekanntes Feuer macht mich beben –
in dieser Stunde kehrt mein Herz sich um:
Ich bin bei euch – : so will ich mit euch leben!
Wo ist dein Stachel, Tod – – – – Elysium – –

Er taumelt, von großer Erregung übermannt, rückwärts ins Zimmer.

Geheimnis, du bist auch in mir entsprungen!
Ich ahne Frauen, die niemand kennt;
ich fühle Arme, die einst mich umschlungen,
ein süßes Gesicht meinen Namen nennt.
Ich höre im drohenden Abendwind
Viele, die arm und unglücklich sind;
ich seh im Sarge ein Kind, das schwebt:
ich weiß, daß viel Leid und viele Freude lebt.
Vielleicht ist auf dieser Erde weit
noch ein Trost, eine Brücke zur Seligkeit –

ich will nicht sterben mit zwanzig Jahren.
Ich muß noch leben. Ich muß das erfahren.

Er kommt zum Fenster zurück. Die Sonne geht unter.

Unendliches Gefühl! Du gabst ein Zeichen.
Das Wunder soll mein erster Glaube sein.
Konzert und Stadt – ich werde euch erreichen!
Mein Auto naht im Dämmerschein.
Ich bin in Logen, ich werde soupieren
mit Schauspielerin und Champagnerwein;
bei einer Fürstin in London sein,
und die Brillantnadel wird mich zieren.
Ich werde ein neues System entdecken,
mit dem Fallschirm stürzen aus einem Haus.
Mein Schauspiel wird Parterre erschrecken:
Ich werde leben! O Gold! O Applaus!
Zerreiße denn, Schnur, und vergehe statt meiner –
Ihr aber, Gestalten des Abendscheins,
Gebt mich noch einmal, beglückter und reiner,
Zurück an die Freude des ewigen Seins!

Er zerreißt die Schnur und wirft die Stücke aus dem Fenster.

Dritte Szene

Der Freund tritt ein.

DER FREUND Du redest mit dir selber. Wie mutig du bist!
DER SOHN Ich sehe dich heute zum erstenmal ...
DER FREUND Wir haben uns lange nicht gesehn. Ich komme von der Bahn. Das wundert dich?

DER SOHN   Daß ich noch hier bin – das wundert mich mehr.

DER FREUND   Ich hörte, du seiest durchgefallen. Wolltest du dich umbringen?

DER SOHN   Um es einfach zu sagen: ja.

DER FREUND   Weshalb tatest du es nicht?

DER SOHN   Ich blieb am Leben.

DER FREUND   Du verdankst dein Leben einem Plagiat an Faust. Darfst du noch immer nicht Goethe lesen? Läßt dein Vater dich wenigstens ins Theater gehn?

DER SOHN   Nein.

DER FREUND   Daß uns so oft der Tod begegnet! Heute auf der Bahn ist ein Kind überfahren worden.

DER SOHN   Ich habe das Kind gesehn. Als ich mich töten wollte, erschien es mir. Es ist ein Mädchen, klein, mit schwarzen Locken im weißen Kleid ...

DER FREUND   Es ist ein Mädchen – woher weißt du das??

DER SOHN   Ich weiß mehr, als du ahnst. Doch habe keine Angst! Noch rede ich nicht aus dem Jenseits. Ich hatte eine Offenbarung, hier. Ich glaube, daß alles auf der Welt in tiefer Gemeinschaft steht. Das wußte ich bis heute nicht! Ich bin am Leben geblieben, weil ich wieder froh bin. Wenn Gott mir gnädig ist, werde ich eines Tages auch die Liebe und den Schmerz erfahren. – Wie soll ich das erklären! Von der Matura zum Überirdischen ist ein weiter Weg.

DER FREUND   Ich bin hergelaufen, dich zu sehn. Ich ahnte, du würdest etwas tun.

DER SOHN   So sind wir uns auf der Strecke des D-Zugs im Abend begegnet.

DER FREUND Warte einen Augenblick. Laß uns von der Wirklichkeit reden. Mein Herz klopft so. Gestern habe ich von dir geträumt: wir liebten zusammen eine Frau. Ich fühlte, daß wir uns nicht kannten. Wir gingen beide fern über Schneefelder vor einem knabenhaften Horizont. Jetzt, wo ich hier bin, bist du mir so nah!

DER SOHN Du trittst in dieses Zimmer zur rechten Zeit. Nicht umsonst hast du zwei Jahre vor mir die unfaßbare Welt gesehn. Eine Stimme rief dich, um mir armem Geschöpf zu helfen. Alles in mir ist heute so hochgespannt, daß die Töne der elektrischen Bahn vor unserm Hause, obwohl ich sie verachte, mich an die Ewigkeit erinnern.

DER FREUND Kann ich dir helfen?

DER SOHN Schon hat für mich das Diesseits begonnen. Hilf mir die kommende Erde empfangen! Du sahst ein Kind sterben, das mich vom Tode erlöst hat. Aus seinen kleinen Händen ist die Macht des Daseins über mich gefallen, wie ein goldner Regen auf die Saat der Hirten. Nun, wo ich lebe, will ich Vieles erfahren, denn ich werde geliebt sein. Früher konnte ich keine Straße sehn, weil am Übermaß des Geschauten mein Gehirn zersprang. Jetzt will ich gerne mit den Metallarbeitern in die Tiefe fahren, um auch dort noch zu empfinden, daß ich ein Mensch bin.

DER FREUND Du bist trunken vom Dasein, aber du kennst sein Gift nicht. Ich sehe mit tiefem Schrecken, wie verändert du bist. Heute beginnt dein Sterben, wo du zu leben beginnst.

DER SOHN Ich glaube an alles, was ich sah. Weshalb willst du an mir zweifeln?

Dritte Szene

DER FREUND Das Kind auf den Schienen ist dein Untergang. Du hast die Seligkeit der Welt gekostet an deinem Firmament. Aber ich hasse diese Sterne und die Liebe ekelt mich an, denn ich habe zu tief ihre Schwäche gespürt. Alles was mich reizte, das hab ich genossen. Das Zuwenig hat mich getötet, nicht das Zuviel. Ich kam zu dir, weil ich glaubte, du seiest noch rein und unberührt. Ich wollte dich warnen, hör auf mich! Ich bin verdorben im Paradiese und nun, wo ich fliehe, bin ich allein. Weshalb hat man mich nicht als Krüppel geboren, dann hätte ich niemals eine Frau besessen oder einen Freund und dann wäre ich nicht hier.

DER SOHN Wir stehn einander gegenüber, jeder an seinem Pol. Doch es gibt noch ein Zenith, zu dem werden wir aufsteigen, du und ich.
Kann ich etwas für dich tun?

DER FREUND Gib mir den Duft wieder einer Blume im Sommer, als noch verboten war, sie für die Geliebte zu pflücken. Gib mir die Sehnsucht zurück nach jenem Trick im Varieté, mit dem man Bürger begeistert. Laß mich noch einmal reisen, in kindlicher Phantasie, auf einem Regenbogen von Argentinien nach Venedig. Wie hat mich das erste Lächeln eines Mädchens bewegt auf der Konfirmandenbank neben mir in der Kirche! Und die kleine Vorstadt, wenn sich am Himmel die Röte der Nacht erhob, wie hat sie mich schaudernd entführt nach Berlin! Nun schreite ich wieder dieselben Alleen, wo einst Unsterblichkeit in mir wurde, und weine in mich hinein, daß ich nichts mehr erlebe und nichts mehr opfern kann.

DER SOHN Ich durchschaue dich – du sprichst wahr. Du hast deine höchste Kurve noch nicht erreicht aus

Schwäche und Unvollkommenheit. Aber jeder lebt nur, der am stärksten weiß, was er ist! Ich möchte zu dir sagen »steh auf und folge mir«. Wenn mir die Tore der Welt sich öffnen, kann es nur aus Schönheit und Größe geschehn. Vielleicht aber kannst du, der Manches erfahren hat, mir die Schlüssel zeigen. Darum bitte ich dich, weil ich so hilflos bin ...

Vierte Szene

Das Fräulein tritt ein.

DAS FRÄULEIN Es wird dunkel. Soll ich die Lampe bringen?
DER SOHN Ja, Fräulein. Wann werden wir zu Abend essen?
DAS FRÄULEIN In zehn Minuten ist es neun.
DER SOHN Bringen Sie dann die Lampe.
Das Fräulein geht.

Fünfte Szene

DER FREUND Ein schönes Mädchen!
DER SOHN Kennst du sie nicht? Das ist die dritte Gouvernante. Ich muß jeden Abend mit ihr essen um neun Uhr. Mein Vater will es so.
DER FREUND Hast du gesehn, wie sie zu uns ins Zimmer trat! Kannst du es ermessen, wenn eine Frau zu dir kommt, wo die Erde doch voll ist von andern? Bist du ein Mensch und fühlst nicht das Ewige ihres

Schrittes in der Dämmerung! Du solltest deinen Vater segnen, daß er dich jeden Abend mit ihr leben läßt – jeden Abend, o Mensch! Weißt du denn wie lange du lebst? Bist du nicht glücklich, daß so viel dir geschieht! Sie ißt von der gleichen Speise wie du und trinkt aus dem gleichen Krug. Welche Harmonie, welch erschütterndes Wort, daß sie schlafen muß wie wir alle, und Tee kocht und Zimmer staubt, wo sie doch ein göttliches Wesen ist und auf Inseln wohnt.

DER SOHN Was du sagst, habe ich nie gewußt. Wie kann etwas so Schönes lebendig sein?

DER FREUND Denk an Penelope!

DER SOHN Seitdem ich dies Wort auch auf Kabarettnummern las, schwindelt mir nicht mehr im Palaste des Homer.

DER FREUND Du wirst einmal erfahren, weshalb Gott alle Frauen eins sein ließ – zum Fluch und zum Segen.

DER SOHN Sprich weiter von dieser Frau. Ich habe Angst.

DER FREUND Eine Welle ihres Haars schwimmt noch im Raum. Weshalb liebst du sie nicht?

DER SOHN Wie kann ich das?

DER FREUND Sie wird deine Augen sehend machen – du Narr am verschlossenen Tor. Durch sie sind die Riegel gesprengt, und du wirst etwas erkennen von dem Schauspiel der Welt. Hab keine Angst, sie ist gütig. Auch deine Mutter war eine Frau wie sie. Du wirst ihr Kind sein.

DER SOHN Eine tiefe Trauer erfüllt mich vor dem, was ich niemals werde sehn und nie werde sagen können. Ich denke nur an die Steppen Sibiriens, obwohl ich manchmal einen alten Mann im Graben finde und weiß, daß viele im Schnee verhungern. Ein Schauer erfaßt mich, daß ich nirgends die Schöpfung begreife! Ich denke des Augenblicks, da ich mitten im Frühling gehe und doch nur ein Fingerzeig bin am Himmel, der über mir lastet. Alles, was mir geschieht, ist ja ewig geschehn! Was bleibt denn von mir in dieses Daseins ruhloser Kette!?

DER FREUND Die Not deines Herzens, die Träne in der Nacht und die Auferstehung am Morgen!

DER SOHN Komm bald wieder, dann werde ich dir näher sein. Ich will das Wunder kennen lernen, ehe der Schatten meines einsamen Zimmers mich wieder umhüllt. Ich will diesen Zaubergarten betreten, und koste es mein Augenlicht! Vor einer halben Stunde hab ich geschworen der Freude zu gehören, die ich noch nicht kenne. Einmal muß mein Dasein mich erhören, vielleicht heute, vielleicht in hundert Tagen. Ich fühle, die Zeit ist nicht fern.

DER FREUND Ich bin so zuversichtlich: dich führt ein gutes Gestirn. Ich komme wieder, wenn du mich brauchst. So entfliege denn!

DER SOHN Auch du, mein Freund, im grenzenlosen Gefühl!

DER FREUND Dich trägt die Woge noch hin. Mich rief sie zurück. Leb wohl. *Er geht.*

Sechste Szene

Der Raum wird dunkler. Das Fräulein tritt ein mit der Lampe. Sie deckt den Tisch und trägt das Essen auf.

DER SOHN Fräulein! Ich sehe, daß Ihr Haar blond ist. Sie stehn zwischen Lampe und Dämmerung.

DAS FRÄULEIN *am Fenster* Die Wolken sind noch hell. In unserm Dorf kommen die Kühe heim. Wie schön ist dieser Abend!

DER SOHN *leise* Und wie schön sind Sie!

DAS FRÄULEIN *sieht ihn aufmerksam an* Sind Sie traurig?

DER SOHN Traurig? Weshalb? Weil ich durchgefallen bin? O nein. – Ich bin froh.

DAS FRÄULEIN Dann wollen wir zu Abend essen. *Sie setzen sich.*

DER SOHN *ohne etwas zu berühren* Wir haben so oft an diesem Tisch gesessen; fremd. Und wir sind es gewöhnt.

DAS FRÄULEIN Bin ich Ihnen immer so fremd gewesen?

DER SOHN Fräulein, man hat mir gesagt, daß Sie leben und auf der Erde sind. Ich muß lernen, viel zu verstehn. Daß Sie eine Stimme haben und auf silbernen Füßen durch das Zimmer gehn.

DAS FRÄULEIN *lächelnd* Ach, wer hat Ihnen das alles geschwindelt! Das glauben Sie doch nicht.

DER SOHN *mit großem Ernst* Ich glaube alles und noch mehr.

DAS FRÄULEIN Soll ich Ihnen ein Brot streichen?

DER SOHN Ich kann nichts essen.

DAS FRÄULEIN Ich habe oft an Sie gedacht und Mitleid

mit Ihnen, weil Sie so strenge gehalten sind. Ich möchte gern, aber ich darf ja nicht anders.

DER SOHN Das ist wahr, es ist düster hier.

DAS FRÄULEIN Sie müssen nicht daran denken. Es kommen wieder gute Zeiten.

DER SOHN Wenn ich Sie um etwas bitte, würden Sie es tun?

DAS FRÄULEIN Was soll ich für Sie tun?

DER SOHN Ich muß eine Frau lieben. Lassen Sie mich fort heute abend.

DAS FRÄULEIN Kleiner Junge! Seit wann ist das über Sie gekommen?

DER SOHN Seit heute, Fräulein, seit heute.

DAS FRÄULEIN Hat Ihr Vater nicht strenge verboten, daß Sie am Abend ausgehn?

DER SOHN Fräulein! Als ich sieben Jahre war, nahm mein Vater mich mit auf eine Fahrt. Wie erschrak ich vor dem Tunnel – ich dachte, es sei die Hölle. Wir fuhren im Dampfboot den Fluß hinab und standen einen Augenblick im Maschinenraum. Da sah ich zum erstenmal die riesige Glut und die schwarzen Menschen voll Schweiß. Wissen Sie, was mein Vater tat? Er gab jedem Heizer eine Mark. Ich war mit den armen Teufeln so froh.

DAS FRÄULEIN Sie haben ein gutes Herz.

DER SOHN Als ich größer war, hab ich oft gewünscht, mein Vater möge auch mir eine Mark schenken, denn ich wollte mir Süßigkeit kaufen. Aber das hat er nie getan. Ich weiß nicht warum. Er sagte, ich könnte mir Krankheiten holen.

DAS FRÄULEIN Wenn ich jetzt eine Mark hätte, dann schenkte ich sie Ihnen.

Sechste Szene

DER SOHN Was nützt mir heute die Mark! Ich kann nicht die Droschke bezahlen, mit der ich fahren will.

DAS FRÄULEIN Es gibt böse Frauen. Vielleicht kommen Sie traurig zurück.

DER SOHN Kann ich noch trauriger werden als in den 20 Jahren meines Harrens auf diesem nahen Stern! Wann endlich werden mir die Fanfaren tönen! Ach Fräulein, und doch gab es Stunden, in denen man traumhaft seine Sphäre verließ – wenn wir im Sommer in Konzerten saßen mit rosa Damen am Geländer des ewigen Stroms.
Geben Sie mir den Hausschlüssel!

DAS FRÄULEIN *nimmt den Schlüssel und gibt ihn* Hier haben Sie ihn.

DER SOHN *ergreift ihn* So halte ich denn dies kostbare Gut, *er springt auf und taumelt* ach, ich bin wie ein Blinder. Meine Augen sind die Helle nicht gewöhnt. Ich fürchte, ich könnt ihn verlieren. Nehmen Sie ihn wieder! *Er gibt ihn zurück.*

DAS FRÄULEIN Werden Sie nicht ausgehn?

DER SOHN *aufmerksam* Fräulein, war das nicht ein Opfer – ein Geschenk von Ihnen? Wenn mein Vater das wüßte, es kostet Sie Ihre Stellung ...

DAS FRÄULEIN *lächelnd* So helfen Sie mir dafür Ihrem Vater schreiben. Er will doch jeden Tag einen Brief haben, wie es geht im Hause. Ich weiß nicht, was ich ihm schreiben soll! *Sie nimmt Feder und Tinte.*

DER SOHN Übrigens: ich will mit meinem Vater reden! Schreiben Sie ihm, er soll wiederkommen.

DAS FRÄULEIN *sitzt bei der Lampe und schreibt* Der wievielte ist heute? Der Zwanzigste.

DER SOHN Ja, ich will mit ihm reden. Er soll es wissen.

Ich muß bald etwas Großes tun. Ich höre auf, in dieser Schule zu lernen. Wie viel werde ich ihm sagen...!

DAS FRÄULEIN *sieht ihn an* Soll ich das alles schreiben?

DER SOHN Ich werde nach Hamburg fahren und die transatlantischen Dampfer sehn. Ich will mir auch Frauen halten. Glauben Sie es nicht, Fräulein?

DAS FRÄULEIN Aber das kann ich doch Ihrem Vater nicht schreiben!

DER SOHN *steht hinter ihr und zeigt über sie weg auf das Papier* Dann schreiben Sie ihm, er soll wiederkommen.
Das Fräulein schreibt.
Der Sohn legt die Hände auf ihre Schultern und zittert.

DAS FRÄULEIN *ohne sich umzuwenden* Was machen Sie da – so kann ich nicht schreiben!
Der Sohn öffnet ihre Bluse am Hals und berührt sie.

DAS FRÄULEIN Ah, jetzt ist ein Flecken auf dem Papier –
Der Sohn beugt sich tiefer zu ihr.

DAS FRÄULEIN *zurückweichend, fast über dem Papier* Nicht doch; wenn Ihr Vater –

DER SOHN Ich liebe Sie! *Sie wendet sich um. Er küßt sie mit schneller, ängstlicher Gewalt.*

DAS FRÄULEIN *steht auf und wendet sich ab. Dann ordnet sie ihr Haar. – Nach einer Weile* Was soll nun werden!

DER SOHN *in großer Verwirrung* Es ist etwas vorgegangen... zürnen Sie mir nicht...

DAS FRÄULEIN *mit leiser, guter Stimme* Sie sind mir niemals fremd gewesen. *Sie nimmt die Lampe* Gute Nacht! *Sie geht schnell.*

Siebente Szene

DER SOHN *allein. Nacht. Augusthimmel.*

Da mir unendliche Gestirne scheinen,
Wie bin ich anders jedem Stern geweiht!
Sie schufen mich zu leben und zu weinen.
Ich bin dem Ewigen näher, bin bereit.
Nicht wildem Rausch noch schmerzlichem
                            Erkennen –
Gib, Stunde, mich der tiefen Wonne hin:
Daß ich im ungeheuersten Verbrennen
Auf dieser Welt erfahre, wer ich bin.
Schon hör ich, wie die Nächte sich erschließen
Dem unbekannten Geist in Glück und Leid;
Mein Leben wird von Segen überfließen –
Wie jedem Menschen, kam auch mir die Zeit.
Denn ein Geschöpf, das liebend sich erneuert,
Wird größer an der Fülle seines Tags;
Von diesem Größten bin ich angefeuert,
Und die Gewißheit ruft mich: nimm und trags!
Und laß mich sein in tausendfacher Nähe,
Daß ich die Wunder meines Lebens schau.
Daß ich in allem werde und vergehe –
Gott ist mir gut. Wie schön ist diese Frau!

Ende des ersten Aktes.

Zweiter Akt

Erste Szene

Ein Tag später.
Der gleiche Raum. Die gleiche Stunde.
Der Sohn. Das Fräulein.

DER SOHN Eine schöne Frau in unsrer Stadt hat sich das Leben genommen. Man sucht den Vierwaldstätter See ab mit Booten und mit Lichtern, aber ihre Leiche findet man nicht. Einige behaupten, sie sei nicht gestorben, sondern lebe noch. Ich erschaure, wenn ich das höre! Wird sie auferstehen von den Toten? Wie gleichgültig, ob ihr Mann eine Maitresse hat.
Ich konnte nicht schlafen die Nacht. So ging ich in den Park und legte mich ins Gebüsch unter den schweflig gelben Mond. Welch ein Wind aus dem ungezügelten Raum hat diese Frau fortgerissen von ihrem Sessel in der Loge, wo man sie erblicken konnte, wöchentlich zweimal im Theater. In welche Finsternis ist sie geschwunden! Wer half ihr in der Not! Weiß jemand um die Tränen, eh ihr gekräuseltes Antlitz versank im See!

DAS FRÄULEIN Sie hat zwei Kinder; ein kleines Mädchen.

DER SOHN Deshalb kann sie nicht aufgehn in Staub oder Wasserdunst. Der Genius lebt weiter – ihr Kinder! Sie wird euch beistehn in der schmerzlichen Tageszeit. Wieviel Unvergängliches ist in uns!
Als ich mich erhob vom Boden, schrie ein Vogel über

dem Teich; da sah ich Ihre Brüste, weiß im Schatten des Gemachs.

DAS FRÄULEIN Es war so schwül. Auch ich konnte nicht schlafen. Ich stand am Fenster lange Zeit.

DER SOHN Und ich empfand auch Sie süß in meiner Heimat und fühlte mich in Ihrer Hut.

DAS FRÄULEIN Wir sind schlecht. Wir sinken immer tiefer. Und Ihr Vater vertraut mir.

DER SOHN Welche Wollust, ihn zu betrügen! Als ich Sie gestern in seinem Zimmer küßte, wie genoß ich dieses Glück. Und das Sofa, auf dem wir uns umarmten, hat meine Rache gespürt. Und die toten, höhnischen Möbel, vor denen mein Vater mich prügelt, haben alle, alle das Wunder gesehn. Ich bin nicht mehr der Verachtete. Ich werde Mensch!

DAS FRÄULEIN Ihr Vater hat vielen, die in Not sind, geholfen. Wir müssen ihm dankbar sein! Oft, wenn die Nachtklingel durchs Haus schrillte, stand Ihr Vater auf und holte Wein aus dem Keller und eilte zu einem Kranken, der am Sterben war. Es geht ein Trost von ihm aus in der Dunkelheit des Todes und der Armut. Er hat mehr Gutes getan als wir.

DER SOHN Ja Fräulein, und deshalb will ich mit ihm reden. Er muß mich hören, er muß mir helfen – er, der ein Arzt ist und am Bette von Tausenden steht. Sollte er den eignen Sohn in der Verzweiflung verlassen? Ich will ihm alles sagen, was mir auf der Seele ist. Ich will darauf bauen, daß meine Kraft stärker wird als sein Mißtrauen in all den Jahren. So will ich vor ihn hintreten: es tut not, daß wir uns fester aneinander halten, wieder einer am andern.

Lassen Sie mich noch Ihre Wärme fühlen, ehe der

Frost des Wiedersehens mir am Herzen würgt. Könnt ich ihn überwinden! Durch Ihren Mund hörte ich die Stimme des Lebendigen und der Gnade. Doch werde ich versuchen, meinen Vater in Erhabenheit zu finden, wie der Gott der Freude mir in dieser Nacht verkündet ist. Die Rosse Achills sollen feurig vor meinen Wagen gespannt sein! Jetzt habe ich Mut alles zu tun, denn ich glaube an mich.

DAS FRÄULEIN Deine Augen leuchten – wie schön ist diese Glut! Noch bist du bei mir, noch habe ich dich. Und weiß doch, daß ich dir nur eine kleine Spur bin im Garten des großen Gefühls. Komm, vielleicht hast du mich morgen schon vergessen. Und heute lieb ich dich so.

DER SOHN Liebes Fräulein, laß mich bei dir sein diese Nacht. Ich will dich lieben! Erfülle, was kindliche Ehrfurcht noch scheu mir verhüllt hat. Dieser Tag des harrenden Schicksals muß in purpurnem Glücke enden. Ihr Feuer am Himmel meiner Heimat! Ihr Hochöfen und ihr Pappeln! Vor azurner Helligkeit laßt mich zum Manne werden! Auch das muß ich besitzen, damit ich ganz erfahre, wes Geistes ich bin.

DAS FRÄULEIN Mein kleiner Junge, komm zu mir, wenn es dich glücklich macht. Ich möchte dir so nahe sein! Ich streichle ja deine Hände, und wenn das geschieht, kann es nicht verloren gehn. Du sollst einmal voll Dankbarkeit an mich denken. Geh zu keiner andern Frau. Ich will für dich sorgen. Und bei mir darfst du alles tun.

DER SOHN Sage, daß du mich liebst, dann brauch ich nichts mehr zu fürchten. Ich könnte dir eine Schlacht gewinnen. Ich will es, wenn ich vor meinem Vater bin.

Erste Szene

DAS FRÄULEIN *streichelt ihn* Und doch wie wenig wird das, was du in dieser Nacht tust, aus Liebe geschehn. Was weißt du vom Leiden und vom Opfertod! In dir ist das Männliche: Du wirst kämpfen. Ich wollte, du kämest wieder, zerrissen mit blutiger Stirn, dann würdest du erfahren, was eine Frau ist. Aber nein – du sollst siegen! Du liebst mich nicht, weil du mich liebst. Du mußt mich besitzen. Und weißt nicht, was ich für dich tue.

DER SOHN Ich werde dich nicht berühren, wenn du es nicht willst.

DAS FRÄULEIN Ich bin trotzdem bei dir. Liebt ich dich denn, wenn ich dir nicht ein Opfer brächte? Ich weiß, daß ich zu vielen Tränen verurteilt bin. Aber das muß wohl so sein. Welche schmerzliche Seligkeit auf der schwankenden Brücke der Lust!

DER SOHN Ich werde jeden töten, der dich verletzt: und wäre es mein Vater.

DAS FRÄULEIN Wie unverständig bist du und wie süß! In wieviel Stärke, wieviel Kühnheit stehst du vor mir. Ich muß dich küssen, mein kleiner, süßer Held. Daß Gott solche Jünglinge schuf! Denk an mich, wenn eine andere Frau dich so in ihren Armen hält. Und töte dich nicht – du wirst mir bald sehr wehe tun. Jetzt ist der Stern deines Wagens am höchsten mir zugekehrt, jetzt, wo du noch nichts geliebt und bald alles genossen hast. Diese Stunde kommt nicht wieder. Der Himmel soll dich behüten vor Traurigkeit.

DER SOHN Heute Nacht – schwör mir, daß du kommst!

DAS FRÄULEIN Ja, ich komme! Es muß doch ein Wesen sein auf der Welt, durch das sich zum erstenmal deine

Seele ergießt. Ein Wesen, das dich beschützt; das dich begleitet zum Licht.

DER SOHN Fräulein! Mir ist so schwer und dunkel. Da seh ich uns beide stehn in Wolken, mitten zwischen Erwartung und Schmerz. Sind wir nicht im Hause meines Vaters, das uns alt und feindlich umschließt? Und du redest zu mir schöne und fremde Worte wie nie zuvor. Kehrt das Rätsel wieder in des Träumenden düstre Gewalt? Ist Aladins Wunderlampe da im Märchen auf der Amme Knie? O Wunder, das Gott mir verheißen! Wie kann ich das deuten – heute ist eine Nacht und morgen ein Tag – werd ich die Sonne sehn, die uns alle umstrahlt?

DAS FRÄULEIN *nach einer Weile leise und bitterlich* Es gibt viele Sonnen, die wirst du sehn.

DER SOHN Was kann ich denn für dich tun? Soll ich meinem Vater sagen, daß ich dich liebe?

DAS FRÄULEIN Und was geschieht, wenn er es glaubt? Willst du mich mit dir nach Hamburg nehmen?

DER SOHN Ja, Fräulein.

DAS FRÄULEIN Ich fühl es, du hast Mut. Aber wer soll das Billett bezahlen?

DER SOHN Kann man nicht zu Fuß hingehn? Jemand wird uns schon weiterhelfen. Es muß doch noch Menschen geben, wie im goldenen Zeitalter, die einander Brot reichen von Meer zu Meer. – Ich brauche meinen Vater nicht. Wenn ich sterben konnte ohne ihn, so werde ich doppelt ohne ihn leben können. Ein Geräusch deines Kleides, und ich betrete dies Haus nicht mehr.

DAS FRÄULEIN Ja, du würdest mich entführen auf Sternschnuppen. Du glühst. Und wie verlegen wirst

du sein, wenn dich der erste Portier nach unserem
Namen fragt. Und wie ungeschickt, wenn du am
Abend Butter und Brot kaufst. In welchem Traumland hast du gelebt! Du sprichst von Hamburg und
denkst an Babylon und die Gewässer des Roten Meeres ... Nein, sage deinem Vater nichts. Du wirst bald
gehn; aber mich laß bleiben. Hier werde ich immer etwas haben, eine Kraft von dir, etwas Festes im Raum.
Wenn ich nun fort müßte, wie unterirdisch würde
mein Schritt! Ich will den Tag erleben, der dich wiederbringt als Triumphator über all deine Kinderzeit.
Die Wiesen und Bäume vor deinem Vaterhause – vielleicht fährst du vorüber und kehrst nicht ein – werden
dir offenbaren, was du gelitten hast. Du wirst glücklich sein.

DER SOHN Weshalb willst du nicht mit mir kommen?

DAS FRÄULEIN Weil ich dich schon verloren habe, eh
du es ahnst. Weil du mich verlassen mußt. Weil du leben und kämpfen wirst.

DER SOHN So hilf mir!

DAS FRÄULEIN Heute kann ich es noch. Morgen tut es
ein andrer.

DER SOHN Werde ich manchmal dich sehen auf meinem Wege? Wirst du mir erscheinen, körperlos am
Rande der großen Alleen?

DAS FRÄULEIN Wir vielen, die begnadet sind, können
nicht verschwinden Einer in des Andern Herz. Im
höchsten Gefühl erinnere dich des Wortes! Wer kann
sagen, daß ein Schicksal zu Ende ist, und wo ist der
Anfang unsres Sterns.

DER SOHN Ein kindliches Gesicht steigt mir auf. Ich
brachte meinem Vater Tulpen, als einst sein Geburts-

tag war. Er hob mich an seine Brust – da wußt ich, daß ich lebte, daß ich war. Eine Gouvernante, deine Vorgängerin, schlug mich einmal, weil ich im Bette noch leise sang. Nun fühl ich es wieder. Geburt und Dasein – O Seligkeit! Ich werde ewig – ewig sein – *Er kniet vor sie hin.*

DAS FRÄULEIN *hält ihn* Alles flieht. Eins nur bleibt mir: Dein Glück. Und wenn ich dich jetzt noch fest in meinen Armen halte und du aufsiehst zu mir, so weiß ich – eine Botschaft des Lebens ist dir verkündet; deshalb bin ich hier.

DER SOHN Ich werde dich nie verlassen.

DAS FRÄULEIN Und wenn der Engel mich holt mit dem Schwert?

DER SOHN Ich halte dich! Ich seh dich wieder! Ich zaubre dich aus den Veilchen des Acheron! Geliebte Frau, ich würde dich finden, morgen abend im Kino als Königin unerreichbar und erträumte schöne Kokotte in einem Pariser Montmartre-Lokal. Oh, daß ich dies erleben durfte! Die Welt wird immer herrlicher vor meinem Blick.

Ein Wagen rollt, er springt auf.

Das wird mein Vater sein ... Komm zu mir diese Nacht ... ich erwarte dich hier ...

Er eilt zum Fenster.

Ein Wagen, der vorm Hause hält! Er ist es. Ich erkenne seinen Schritt. Nun mag es beginnen! Mit dieser Fülle im Herzen will ich ihm entgegengehn.

Das Fräulein geht ab nach rechts. Der Sohn kommt zurück.

Zweite Szene

Der Vater tritt ein.

DER SOHN *geht ihm einen Schritt entgegen* Guten Abend, Papa!

DER VATER *sieht ihn an, ohne ihm die Hand zu reichen, eine Weile* Was hast du mir zu sagen?

DER SOHN Ich habe mein Examen nicht bestanden. Diese Sorge ist vorbei.

DER VATER Mehr weißt du nicht? Mußte ich deshalb zurückkehren?

DER SOHN Ich bat dich darum – denn ich möchte mit dir reden, Papa.

DER VATER So rede!

DER SOHN Ich sehe in deinen Augen die Miene des Schaffotts. Ich fürchte, du wirst mich nicht verstehn.

DER VATER Erwartest du noch ein Geschenk von mir, weil sich die Faulheit gerächt hat?

DER SOHN Ich war nicht faul, Papa ...

DER VATER *geht zum Bücherschrank und wirft höhnisch die Bücher um* Anstatt diesen Unsinn zu lesen, solltest du lieber deine Vokabeln lernen. Aber ich weiß schon – Ausflüchte haben dir nie gefehlt. Immer sind Andere schuld. Was tust du den ganzen Tag? Du singst und deklamierst – sogar im Garten und noch abends im Bett. Wie lange willst du auf der Schulbank sitzen? All deine Freunde sind längst fort. Nur du bist der Tagedieb in meinem Haus.

DER SOHN *geht hin zum Schrank und stellt die Bücher wieder auf* Dein Zorn galt Heinrich von Kleist; *er berührt das Buch zärtlich* der hat dir nichts getan. – Welchen Maßstab legst du an!

DER VATER Bist du schon Schiller oder Matkowski? Meinst du, ich hörte dich nicht? Aber diese Bücher und Bilder werden verschwinden. Auch auf deine Freunde werde ich ein Auge werfen. Das geht nicht so weiter. Ich habe kein Geld gespart, um dir vorwärts zu helfen; ich habe dir Lehrer gehalten und Stunden geben lassen. Du bist eine Schande für mich!
DER SOHN Was hab ich verbrochen? Hab ich Wechsel gefälscht?
DER VATER Laß diese Phrasen. Du wirst meine Strenge fühlen, da du auf meine Güte nicht hörst.
DER SOHN Papa, ich hatte anders gedacht, heute vor dir zu stehn. Fern von Güte und Strenge, auf jener Waage mit Männern, wo der Unterschied unseres Alters nicht mehr wiegt. Bitte, nimm mich ernst, denn ich weiß wohl, was ich sage! Du hast über meine Zukunft bestimmt. Ein Sessel blüht mir in Ehren auf einem Amtsgericht. Ich muß dir meine Ausgaben aufschreiben – ich weiß. Und die ewige Scheibe dieses Horizontes wird mich weiterkreisen, bis ich mich eines Tages versammeln darf zu meinen Vätern.
Ich gestehe, ich habe bis heute darüber nicht nachgedacht, denn die Spanne bis zum Ende meiner Schule erschien mir weiter als das ganze Leben. Nun aber bin ich durchgefallen – und ich begann zu sehn. Ich sah mehr als du, Papa, verzeih.
DER VATER Welche Sprache!
DER SOHN Eh du mich prügelst, bitte, hör mich zu Ende. Ich erinnre mich gut der Zeit, als du mich mit der Peitsche die griechische Grammatik gelehrt hast. Vor dem Schlaf im Nachthemd, da war mein Körper den Striemen näher! Ich weiß noch, wie du mich mor-

gens überhörtest, kurz vor der Schule; in Angst und Verzweiflung mußt ich zu Hause lernen, wenn sie längst schon begonnen hatte. Wie oft hab ich mein Frühstück erbrochen, wenn ich blutig den langen Weg gerannt bin! Selbst die Lehrer hatten Mitleid und bestraften mich nicht mehr. Papa – ich habe alle Scham und Not ausgekostet. Und jetzt nimmst du mir meine Bücher und meine Freunde, und in kein Theater darf ich gehn, zu keinem Menschen und in keine Stadt. Jetzt nimmst du mir von meinem Leben das Letzte und Ärmste, was ich noch habe.

DER VATER Wer nicht arbeitet, soll auch nicht essen. Sei froh, daß ich dich nicht längst aus dem Hause gejagt.

DER SOHN Hättest du es getan, ich wäre ein Stück mehr Mensch, als ich bin.

DER VATER Du bist noch mein Sohn, und ich muß die Verantwortung tragen. Was du später mit deinem Leben tust, geht mich nichts an. Heute habe ich zu sorgen, daß ein Mensch aus dir wird, der sein Brot verdient, der etwas leistet.

DER SOHN Ich kenne deine Sorge, Papa! Du bewahrst mich vor der Welt, weil es zu deinem Zwecke geschieht! Aber wenn ich das Siegel dieser geistlosen Schule, die mich martert, am Ende auf meinem Antlitz trage, dann lieferst du mich aus, kalt, mit einem Tritt deiner Füße. O, Verblendung, die du Verantwortung nennst! O Eigennutz, Väterlichkeit!

DER VATER Du weißt nicht, was du redest.

DER SOHN Und trotzdem will ich versuchen, noch heute in dieser Stunde, mit aller Kraft, der ich fähig bin, zu dir zu kommen. Was kann ich denn tun, daß du mir glaubst! Ich habe nur die Tränen meiner Kindheit, und ich fürchte, das rührt dich nicht. Gott, gib mir die Begeisterung, daß dein Herz ganz von meinem erfüllt sei!

DER VATER Jetzt antworte: was willst du von mir?

DER SOHN Ich bin ein Mensch, Papa, ein Geschöpf, ich bin nicht eisern, bin kein ewig glatter Kieselstein. Könnt ich dich erreichen auf der Erde! Könnt ich näher zu dir! Weshalb diese schmerzliche Feindschaft, dieser in Haß verwundete Blick? Gibt es ein Nest, einen Aufstieg zum Himmel – ich möchte mich an dich ketten – hilf mir!

Er fällt vor ihm nieder und ergreift seine Hand.

DER VATER *entzieht sie ihm* Steh auf und laß diese Mätzchen. Ich reiche meine Hand nicht einem Menschen, vor dem ich keine Achtung habe.

DER SOHN *erhebt sich langsam* Du verachtest mich – das ist dein Recht; dafür leb ich von deinem Gelde. Ich habe zum ersten Male die Grenzen des Sohnes durchbrochen mit dem Sturm meines Herzens. Sollt ich das nicht? Welches Gesetz zwingt mich denn unter dies Joch? Bist du nicht auch nur ein Mensch, und bin ich nicht deinesgleichen? Ich lag zu deinen Füßen und habe um deinen Segen gerungen, und du hast mich verlassen im höchsten Schmerz. Das ist deine Liebe zu mir. Hier endet mein Gefühl.

DER VATER Hast du so wenig Ehrfurcht vor deinem Vater, daß du ihn zum Hehler deiner Schuld machst! Du Landstreicher auf der Straße des Gefühls – was hast du schon Großes getan, daß du von Liebe und von Haß hier redest? Bist du betrunken, was kommst du denn zu mir? Geh in dein Bett. Kein Wort mehr!

DER SOHN So höre, Papa, noch ein Wort! Du sollst erfahren, daß ich gehungert habe in deinem Hause! Die Gouvernanten haben mich geschlagen, und trotzdem hast du ihnen geglaubt! Du hast mich auf den Speicher gesperrt. Ich bin oft schuldlos gestraft worden, keiner hatte Mitleid mit mir. Papa! Es gibt doch Freude – etwas, was golden an die Firmamente rollt – weshalb war ich verstoßen von allen wie ein Mensch mit der Pest? Weshalb muß ich weinen, wenn ein armer Affe im Zirkus aus einer künstlichen Tasse trinkt? Ich kenne die Qual der unfreien, der friedlosen Kreatur. Das ist gegen Gott! Du hast mir die Kleider verboten und mir die Haare geschoren, wenn ich aus glühender Eitelkeit sie anders wollte als du. Soll ich noch weiter in diesem Schlunde wühlen, wo doch an tausend Zacken mein Fleisch klebt! Sieh mich an – was hab ich getan? Kann es nicht bald genug sein. So hör doch und laß mich endlich einen Strahl des allerbarmenden Lichtes sehn. Es steht ja in deiner Macht. Du hast dich verschlossen – tu dich mir auf! Gib mir die Freiheit, um die ich dich grenzenlos bitte.

DER VATER Welche Freiheit soll ich dir geben? Ich verstehe nicht, wovon du sprichst.

DER SOHN Nimm mich von dieser Schule fort – gib mich dem Leben. Sei gut zu mir, wie zu einem Kranken, der vielleicht morgen schon sterben muß. Auch mir gib Wein, den du für ihn aus dem Keller holst. Auch mich laß trinken, denn sieh, ich bin ganz vom Durste zerfressen.

Papa! Nie bist du zärtlich zu mir gewesen, wie zu dem niedersten Wesen in deinem Spital. Nie hast du mich umarmt, wenn ich ängstlich dir am Schreibtisch gute Nacht sagen kam. Und doch hab ich es gefühlt, und ich habe unendlich begriffen, daß ich dein Sohn bin. Die Wüste meines Bettes, wo jedes Körnchen gezählt war, ist nicht so groß, wie dieses Wort der Verzweiflung. Und ich will, ja ich will etwas von dir erreichen, und sei es nur eine Wimper deines Auges – und wenn du mich wieder fortstößt: mein Wunsch ist doch größer als du in dieser Sekunde.

DER VATER Erspar dir die Mühe, so fängst du mich nicht. Welch ein greisenhaft trauriger Narr stehst du vor mir! Ist das deine ganze Weisheit? Und so sprichst du über deine Jugend, über die Erziehung in deinem Vaterhaus. Schämst du dich nicht? Wenn du mich verletzen wolltest – jetzt hast du es erreicht.

DER SOHN Nein, Papa. Uns trennt ein Andres. O schrecklicher Zwiespalt der Natur! Soll es denn keine Brücke mehr geben, wo doch zwischen Nordpol und Südpol die Erde gebaut ist. Papa! Blut stürze neu aus dem Raum! Ich will dein Feind nicht mehr sein. Nimm mich an als Mann.

DER VATER Ich brauche deine Belehrung nicht. Dir ist nichts geschehen, was du nicht selber verschuldet hast. Was weißt du von jenen in den Baracken, die leiden! Du, ein Knabe, der noch keinen Ernst und keine Pflicht gelernt hat. Wenn ich nicht doch noch hoffte, dich das zu lehren, wäre ich nicht wert, dein Vater zu sein. Ich hätte dich strenger erziehen sollen, das seh ich an den Folgen.

DER SOHN Du entmutigst mich nicht!
Ich werde immer wieder kommen und dich bitten. Bis du mich erhörst.

DER VATER Hast du mich nicht verstanden? Was willst du denn noch von mir?

DER SOHN *feurig* Das Höchste! Zerreiße die Fesseln zwischen Vater und Sohn – werde mein Freund. Gib mir dein ganzes Vertrauen, damit du endlich siehst, wer ich bin. Laß mich sein, was du nicht bist. Laß mich genießen, was du nicht genossen hast. Bin ich nicht jünger und mutiger als du? So laß mich leben! Ich will reich und gesegnet sein.

DER VATER *hohnlachend* Aus welchem Buch kommt das? Aus welchem Zeitungshirn?

DER SOHN Ich bin der Erbe, Papa! Dein Geld ist mein Geld, es ist nicht mehr dein. Du hast es erarbeitet, aber du hast auch gelebt. An dir ist es nun, zu finden, was nach diesem Leben kommt – freue dich deines Geschlechts! Was du hast, gehört mir, ich bin geboren, es einst für mein Dasein zu besitzen. Und ich bin da!

DER VATER So. Und was willst du mit – meinem Gelde tun?

DER SOHN Ich will in die Ungeheuerlichkeit der Erde eintreten. Wer weiß, wann ich sterben muß. Ich will, ein Gewitter lang, das Erdenkliche meines Lebens in den Fingern halten – dieses Glück werde ich nicht mehr erlangen. Im größten, ja im erhabensten Blitzesschein will ich über die Grenzen schauen, denn erst, wenn ich die Wirklichkeit ganz erschöpft habe, werden mir alle Wunder des Geistes begegnen. So will ich sein. So will ich atmen. Ein guter Stern wird mich begleiten. Ich werde an keiner Halbheit zu Grunde gehn.

DER VATER Weit ist es mit dir gekommen! Du läßt

mich deine ganze Niedrigkeit sehn. Danke deinem Schöpfer, daß ich dein Vater bin. Mit welcher Stirne hast du von mir und meinem Gelde gesprochen! Mit welcher Schamlosigkeit meinen Tod im Munde geführt. Ich habe mich in dir getäuscht – du bist schlecht – du bist nicht von meiner Art. Aber noch bin ich dein Freund und nicht dein Feind, deshalb züchtige ich dich für dieses Wort, wie du es verdient hast.
Er tritt auf ihn zu und schlägt ihn kurz ins Gesicht.
DER SOHN *nach einer langen Weile* Du hast mir hier im Raum, auf dem noch der Himmel meiner Kindheit steht, das Grausamste nicht erspart. Du hast mich ins Gesicht geschlagen vor diesem Tisch und diesen Büchern – und ich bin doch mehr als du! Stolzer hebe ich mein Gesicht über dein Haus und erröte nicht vor deiner Schwäche. Du hassest ja nur den in mir, der du nicht bist. Ich triumphiere! Schlag mich weiter. Klarheit übermannt mich; keine Träne, kein Zorn. Wie bin ich jetzt anders und größer als du. Wo ist die Liebe, wo sind die Bande unseres Bluts hin! Selbst Feindschaft ist nicht mehr da. Ich sehe einen Herrn vor mir, der meinen Körper verletzt hat. Und doch war einst aus seinem Körper ein Kristall zu meinem Leben gestimmt. Das ist das unbegreiflich Dunkle. Unter uns trat Schicksal. Gut. Ich lebe länger als du!
Er taumelt.
DER VATER Du zitterst. Nimm einen Stuhl. Ist dir nicht wohl? – Willst du etwas haben?
DER SOHN *einen Augenblick schwach in seinen Armen* Ach, ich habe so viel auf dem Herzen.
DER VATER *in verändertem Ton* Ich strafte dich, weil

ich mußte. Das ist nun vorbei. Komm. Es geht dir nicht gut.

DER SOHN Als ich einmal von der Leiter fiel, und mein Arm war gebrochen, da hast du für mich gesorgt. Als mein kindliches Gewissen schlug, weil ich einen Schaffner betrog, hast du ihn beschenkt und mein strömendes Weinen geheilt. Heute kam ich zu dir in größerer Not, und du hast mich geschlagen. – Es ist wohl besser, du lässest mich nun aus deinem Arm. *Er richtet sich auf.*

DER VATER Du kamst nicht in Not, du kamst in Ungehorsam. Deshalb schlug ich dich. Du kennst mich und weißt, was ich von meinem Sohne verlange.

DER SOHN Wie kannst du ein Wort auf der Zunge bewegen und sagen: so ist es! Siehst du nicht stündlich den Tod in den Baracken und weißt nicht, daß alles anders ist in der Welt!

DER VATER Ich bin ein Mann und habe Erfahrungen, die du nicht hast. Du bist noch ein Kind.

DER SOHN Wenn Gott mich leben läßt, darf ich alles beginnen. Weshalb willst du mich darum verleugnen! Hast du nicht auch auf der blumigen Erde gespielt und manches geträumt, was dir nicht erfüllt ist?

DER VATER Ich habe meine Pflicht getan, das war mir das Höchste. Und du machst hier einen Unhold aus mir und bedenkst nicht: ich habe an deiner Wiege gestanden, und du warst geliebt! Glaubst du nicht, daß ich auch heute noch manch schlaflose Nacht deinetwegen verbringe? Was soll aus dir werden! Wo sind deine Kinderworte geblieben, deine reine und unbefangene Brust? Du bist störrisch hingezogen, und verlacht hast du Rat und Hilfe. Und jetzt soll ich dir helfen, wo du zu mir kommst übernächtig und schlimm! Jetzt soll ich dir vertrauen?

DER SOHN Du bist mir ein Fremder geworden. Ich habe nichts mehr gemein mit dir. Das Gute, von dem du glaubtest, es sei so leicht, hat mich nicht in deinen Zimmern erreicht. Du hast mich erzogen in den Grenzen deines Verstandes. Das sei deine Sache. Jetzt aber gib mich frei!

DER VATER Wie sehr hat dich schon die Fäule dieser Zeit zerstört, daß du so trübe empfindest. Tat ich nicht recht, dich fernzuhalten von allem, was häßlich und gemein ist! Du bist entzündet von Begierden, die ich mit Schrecken erkenne. Wer hat dich so im Herzen verdorben? Ich habe dich als Arzt behütet vor dem Gift unserer Zeit, denn ich weiß, wie gefährlich es ist. Dafür wirst du mir später noch dankbar sein. Aber wie ist das gekommen – es hat dich doch erreicht! Aus welchem Kanal brach diese Ratte in deine Jugend ein? Mein armer Junge, wie verirrt du bist! Komm, laß uns das vergessen.

Er legt die Hand auf seine Schulter.

DER SOHN *weicht zurück* Nein, Papa. Ich liebe meine Zeit und will dein Mitleid nicht. Ich verlange nur eins noch von dir: Gerechtigkeit! Mach, daß ich nicht auch darin an dir zweifle. Mein Leben komme nun über mich! Es ist Zeit, Abschied zu nehmen, deshalb stehn wir hier voreinander. Nein, ich schäme mich nicht der Sehnsucht nach allem, was heute und herrlich ist. Hinaus an die Meere der Ungeduld, des befreienden Lichts! Verlassen sei die Öde deines Hauses und die Täglichkeit deiner Person. Ich fühl's, ich geh einer glücklichen Erde entgegen. Ich will ihr Prophet sein.

DER VATER Sind das deine letzten Worte im Hause, das dich genährt und beschützt hat viele Jahre? Wer bist du, wenn du die edelste Schranke, Vater und Mutter, in Unkeuschheit zerbrichst? Weißt du denn, was du verlässest und wohin du gehst? Tor! Wer gibt dir morgen zu essen? Wer hilft dir in Trübsal und Unverstand? Bin ich denn schon tot, daß du so zu mir sprichst!

DER SOHN Ja, Vater, du bist mir gestorben. Dein Name zerrann. Ich kenne dich nicht mehr; du lebst nur noch im Gebot. Du hast mich verloren in den Schneefeldern der Brust. Ich wollte dich suchen im Wind, in der Wolke, ich fiel vor dir auf die Knie, ich liebte dich. Da hast du in mein flammendes Antlitz geschlagen – da bist du in den Abgrund gestürzt. Ich halte dich nicht. Jetzt wirst du bald mein einziger, mein fürchterlicher Feind. Ich muß mich rüsten zu diesem Kampf: jetzt haben wir beide nur den Willen noch zur Macht über unser Blut. Einer wird siegen!

DER VATER Es ist genug. Noch einmal hör auf mich! Ist denn kein Atem des Dankes, keine Ehrfurcht mehr auf deinen schäumenden Lippen? Weißt du nicht, wer ich bin!?

DER SOHN Das Leben hat mich eingesetzt zum Überwinder über dich! Ich muß es erfüllen. Ein Himmel, den du nicht kennst, steht mir bei.

DER VATER Du lästerst!

DER SOHN *mit zitternder Stimme* Ich will lieber Steine essen als noch länger dein Brot.

DER VATER Erschrickst du nicht selber vor dem, was du sagst!

DER SOHN Ich fürchte dich nicht! Du bist alt. Du wirst

mich nicht mehr zertreten in eifernder Selbstigkeit.
Wehe dir, wenn du deinen Fluch rufst in die Gefilde
dieses Glücks – er fällt auf dich und dein Haus!
Und wenn du mich mit Stockhieben von dir treibst –
wie hab ich einst gebebt vor dir in armer und heimatloser Angst – ich werde dich nicht mehr sehn, nicht
deine Tyrannenhand und nicht dein graumeliertes
Haar: nur die mächtige, die stürzende Helle über mir.
Lerne begreifen, daß ich in eines andern Geistes Höhe
entschwebt bin. Und laß uns in Frieden voneinander
gehn.

DER VATER Mein Sohn, es ist kein Segen über dir! ...
Wie, wenn ich dich jetzt ziehn ließe in deiner Verblendung? Laß dich warnen vor den süßen Würmern dieser Melodie. Willst du mich nicht begleiten an die
Betten meines Spitals – da krümmt die Röte deiner Jugend sich verdorben in Schaum und Geschwulst, und
was aus deinem Mund sich beschwingt in die Lüfte erhob, bricht als Wahnsinn in des Verwesenden traurige
Flur. So zerreißt Gott die Flügel dem, der in Trotz
und Hochmut entrann! Stoß in dieser Stunde meine
Hand nicht zurück, wer weiß, ob ich sie je dir so
warm wieder biete.

DER SOHN In deiner Hand ist mancher gestorben, dessen Nähe uns umwittert. Aber was sind all diese Toten gegen mich, der ich in Verzweiflung lebe! Wär ich
vom Krebse zerfressen, hättest du mir jeden Wunsch
erfüllt. Denn ein Kranker, dem niemand helfen kann,
darf noch im Rollstuhl an die Küste der blauen Meere
fahren. Ihr Lebenden, wer rettet euch! Du rufst das
Grauen aus den Gräbern auf; doch dem schönen
Glücke mißtrauen darf nur, auf wessen Haupt die

Drommete des Todes erschallt ist. Aus zwanzig Jahren, aus zwanzig Särgen steig ich empor, atme den ersten, goldenen Strahl – du hast die Sünde gegen das Leben begangen, der du mich lehrtest, den Wurm zu sehen, wo ich am herrlichsten stand –

Zerstäube denn in den Katakomben, du alte Zeit, du modernde Erde! Ich folge dir nicht. In mir lebt ein Wesen, dem stärker als Zweifel Hoffnung geblüht hat. Wohin nun mit uns? In welcher Richtung werden wir schreiten?

DER VATER *geht nach links und verschließt die Türe* In dieser.

DER SOHN Was soll das bedeuten?

DER VATER Du wirst das Zimmer nicht verlassen. Du bist krank.

DER SOHN Papa!

DER VATER Nicht umsonst hast du den Arzt in mir gerufen. Dein Fall gehört in die Krankenjournale, du redest im Fieber. Ich muß dich so lange einschließen, bis ich dich mit gutem Gewissen meinem Hause zurückgeben kann. Man wird dir Essen und Trinken bringen. Geh jetzt zu Bett.

DER SOHN Und was soll weiter mit mir geschehn?

DER VATER Hier gilt noch mein Wille. Du wirst dein Examen machen, auf der Schule, wo du bist. Ich habe deinen Hauslehrer entlassen. Von jetzt ab werde ich selber bestimmen. In meinem Testamente setze ich dir einen Vormund, der in meinem Sinne wacht, wenn ich vorher sterben sollte ...

DER SOHN Also Haß bis ins Grab!

DER VATER Du beendest deine Studien und nimmst einen Beruf ein. Das gilt für die Zukunft. Fügst du dich meinem Willen, wirst du es gut haben. Handelst du aber gegen mich, dann verstoße ich dich, und du bist mein Sohn nicht mehr. Ich will lieber mein Erbe mit eigner Hand zerstören, als es dem geben, der meinem Namen Schande macht. Du weißt nun Bescheid.

Und jetzt wollen wir schlafen gehn.

DER SOHN Gute Nacht, Papa.

DER VATER *geht zur Türe, kommt noch einmal zurück* Gib mir alles Geld, was du bei dir hast!

DER SOHN *tut es* Hier.

DER VATER *von einem Gefühl übermannt* Ich komme morgen nach dir sehen. – Schlaf wohl!

Er entfernt sich und schließt die Türe.
Der Sohn bleibt unbeweglich.

Dritte Szene

DER SOHN *allein. – Eine Klingel im Hause ertönt. Er eilt zur Türe. Sie ist verschlossen. Er rüttelt. Sie gibt nicht nach. Die Klingel ertönt wieder. Stimmen werden laut, den Besucher abzuweisen. – Er taumelt in einen Sessel, sitzt mitten im Zimmer. Am dunkelnden Fenster erscheint groß jetzt die Scheibe des gelben Monds* Mond ist wie gestern um diesen Ort. Ich lebe zu sehr. Schick mir deinen Engel, Gott! Gefangen in bitterster Not – ich Geknechteter im steigenden Licht – *Er sieht aufwärts* Da bist du mir angesteckt, Baum voller Kerzen. Lausch ich dir wieder an Zimmers Rand, o Geschenk, o Geschenk! Weshalb kommst du, mein Auto, nicht? Muß ich Qualen erdulden der Freude

so nah? Die Verzweiflung erstickt mich. Könnt ich weinen! Könnt ich geboren sein!
Im Fenster, vom Monde beglänzt, steht das Gesicht des Freundes aus dem ersten Akt.
DER FREUND   Verzage nicht!
DER SOHN   Wer bist du, helles Gesicht?
DER FREUND   Die Türen sind verschlossen. Ein Diener wies mich hinaus. Der Weg ist etwas ungewöhnlich.
DER SOHN   Du bist's! Du liebst mich! Gott! Gott!
DER FREUND *erhebt sich im Fenster zu halber Höhe* Nah ich zur rechten Stunde?
DER SOHN   Kann mir denn ein Mensch noch Freund sein, wo ich so verlassen bin?
DER FREUND   Hast du vergessen, daß Beethoven lebt? Weißt nicht mehr, daß wir gesungen haben im Chor der IX. Symphonie? Wolltest du nicht alle Menschen umfangen? Auf, mein Junge, es tagt! Erfülle dein Herz bis zur Schale des Mondes –: unter den Klängen der Freude laß uns wandeln, wie einst, als die Halle des Konzertes erlosch, vereint in der Nacht. Die Stunde ist da, wo du sie erfahren wirst.
DER SOHN   Was soll ich tun?
DER FREUND   Fliehe!
DER SOHN   Ich bin zu arm. Ich habe kein Geld.
DER FREUND   Aber du hast einen Frack dort im Schrank. Den zieh an. Ich will dich zu einem Feste führen! In dreißig Minuten geht der Zug. Hier nimm die Maske. Ich erwarte dich am Ausgang des Parks.
Er gibt ihm eine schwarze Maske.
DER SOHN   Es geht um Leben und Tod. Wenn ich entdeckt werde – ich bin verloren – mein Vater erschlägt mich! Ist ein Auto da?

DER FREUND Viele Freunde, die du nicht kennst, sind heute Nacht bereit, dir zu helfen. Sie stehn mit Revolvern hinter den Bäumen im Park.
DER SOHN Und wohin in der Nacht?
DER FREUND Zum Leben.
DER SOHN Wie komm ich hinaus?
DER FREUND Steig leise durchs Fenster. Wir nehmen dich in die Mitte. Fürchte nichts.
Er verschwindet.

Vierte Szene

Der Sohn eilt zum Schrank und wühlt unter Anzügen einen Frack heraus. Er reißt sich den Rock vom Leibe und beginnt, ihn anzulegen.
In der Weite des Fensters entzünden sich Lichter der Stadt. Wie Walzermusik aus Lokalen ertönt jetzt fern, schwach im Wind, das Finale der IX. Symphonie:

> *Allegro assai vivace.*
> *Alla marcia.*
>
> *Tenorsolo und Männerchor.*
>
> »*Froh wie seine Sonnen fliegen*
> *Durch des Himmels prächt'gen Plan,*
> *Laufet, Brüder, eure Bahn,*
> *Freudig, wie ein Held zum Siegen.*«

Fünfte Szene

Ein Schlüssel wird im Schloß gedreht. Die Türe geht auf. Das Fräulein steht auf der Schwelle, in der Hand eine Kerze und ein Tablett.

DAS FRÄULEIN Ich bringe das Essen!

DER SOHN Ach Fräulein – Sie sind es! Ich hatte Sie ganz vergessen.

DAS FRÄULEIN Ihr Vater ist schlafen.

DER SOHN Um so besser für ihn.

DAS FRÄULEIN *kommt näher* Was ist geschehn?

DER SOHN Sie sehn mich im schwarzen Rock, damit ich würdig aus diesem Hause trete. Schon brennen mir drüben die Lampions! Sehn Sie die Lichter am Horizont? Hören Sie Musik, Walzer und Klarinette? Der Duft von jubelnden Häusern umschwebt mich. Alle Züge werden mich heute fahren in die ungeheuer singende Nacht.

DAS FRÄULEIN Hat er Sie geschlagen?

DER SOHN Wie können Sie noch von ihm reden, der kleingläubig in seinem Bette zerfällt. Sehen Sie in sein Gesicht morgen – da wird es blaß sein vor ohnmächtiger Angst und Wut. Dieser Held im Familienkreise – ein Blitz aus dem Äther hat ihn gerührt. Seine Macht war groß vor Knaben und Kellnern – nun ist sie gebrochen. Die Krankenkasse betet ihn an; ich lache ihn aus. Er fahre hin!

DAS FRÄULEIN Vielleicht ist noch Licht in seinem Zimmer. Er kann Sie im Garten sehn.

DER SOHN Seine Peitsche erreicht mich nicht mehr. Unten wartet meine Schar. Es sind Kerle mit Waffen darunter. Vielleicht fühlen Sie alle wie ich, dann will

ich sie rufen zur Befreiung des Jungen und Edlen in der Welt. Tod den Vätern, die uns verachten!
Wieder erscheint, sekundenlang, das Gesicht des Freundes am Fenster – und verschwindet.

DAS FRÄULEIN Wollen Sie nicht etwas essen? Der Weg ist lang.

DER SOHN Nein Fräulein, hier im Hause rühre ich keinen Bissen mehr an. Bald werde ich fern im Schoße geliebter Frauen Nektar und Ambrosia genießen.

DAS FRÄULEIN *mit zitternder Stimme* O dunkle und gefährliche Nacht!

DER SOHN Ängstigen Sie sich nicht! Ich gehe meinem Stern entgegen; ich folge dem Gebot. Weil in meinen Adern Blut des Geschändeten aus der Knechtschaft brennt, deshalb werd ich in Kraft aufstehn zum Kampf gegen alle Kerker der Erde. Wie ein Verbrecher im Finstern, ohne Habe, steig ich durchs Gitter. Mein Haus! Dies Feuer allein trage ich von dir, es auszugießen über Menschen und Stadt. Die Kette fällt. Ich bin frei! Nur ein Schritt noch im Mantel der Bäume ... Pforte, wie ich dich liebe und du, Landstraße, silbern dem erwachenden Blick! Ich verzage nicht mehr. Ich weiß, für wen ich lebe.

Er hat das Letzte an seiner Kleidung beendet.
So steht er vor ihr.

DAS FRÄULEIN Sie haben die Binde vergessen! – Ich will es tun. *Sie tritt zu ihm und bindet die Schleife.*

DER SOHN *beugt sich mit vollendeter Form auf ihre Hand* Ich danke Ihnen, Fräulein. Leben Sie wohl!

Er schwingt sich durchs Fenster und entflieht. Man sieht stärker die Lichter und hört die Musik. Ein Zug rollt.

Sechste Szene

DAS FRÄULEIN *allein am Fenster, beugt sich ihm nach.*
Sie nimmt ein kleines Kissen und preßt es an sich.

> Da eilt er durch den Park mit blauem Flug
> Dem Gotte zu, der schon sein Haupt umkränzt.
> Ihm lebt der Tag, die Nacht ihm unbegrenzt;
> zwölf weiße Adler folgen seinem Zug!
> Ihn führt der Röte Dämmerung nicht zurück,
> solang die Welt in seinem Herzen steigt;
> solang sich eine Frau, ein Stern dir neigt:
> Zieh hin, mein süßer Freund, und sei im Glück!
> Mich aber trug des Himmels reiche Stund
> vom kleinen Zimmer fort ins große Meer;
> die Welle, ach die Nacht wird mir zu schwer –
> wo find ich Ruh und Trost mit meinem Mund.
> O könnt ich etwas sein und für ihn tun!
> Nur dieses kleine Kissen will ich nähn,
> drauf soll er freundlich jeden Abend ruhn
> und soll behütet sein und mich nicht sehn.
> Und wenn sein Aug sich schwingt in goldner Luft,
> so will ich nah sein dem geliebten Bild,
> und wachen will ich, ob es einst mich ruft,
> in Dunkelheit und Tränen ungestillt.

Sie beugt sich über das Kissen und beginnt zu nähen,
von vielem Weinen verhüllt.

Ende des zweiten Aktes.

Dritter Akt

Erste Szene

Wenige Stunden später. Gegen 12 Uhr nachts.
Das Vorzimmer vor einem Saal. In der Mitte ein Vorhang, hinter diesem Vorhang, unsichtbar, ein Podium und die Perspektive eines dicht mit Stühlen und Tischen besetzten Saals. Im Vorzimmer stehn nur wenige Möbel, Klubsessel und ein kleiner Tisch mit Gläsern. An der Wand sind Haken, um die Kleider aufzuhängen. Rechts und links kleine Türen. Der Raum erweckt den Eindruck einer geschlossenen Gesellschaft vor einer Veranstaltung.
Cherubim, im Frack mit dem Konzept einer Rede, im Zimmer wandernd.
Von Tuchmeyer tritt ein; ebenfalls im Frack.

CHERUBIM   Ist alles bereit?
VON TUCHMEYER *legt ab*   Alles. Wie wird deine Rede?
CHERUBIM   Ich halte sie in der Hand. – Sind die Lichter an im Saal? Ist ein Glas Wasser auf meinem Tisch?
VON TUCHMEYER *hebt den Vorhang etwas*   Du kannst dich überzeugen: alles ist besorgt. In zwanzig Minuten, pünktlich um Mitternacht, werden sich die Bänke füllen. Ich höre, viele Studenten kommen. Die Stunde ist gut gewählt. Jene, an die wir uns wenden, werden zahlreich sein. Sie erwarten das Höchste von dir! Und wer, um die Mitte der Nacht, ist nicht feurig, Offenbarungen zu empfangen.
CHERUBIM   Und wie steht es mit der Polizei?
VON TUCHMEYER   Wir sind unter uns. Ich habe angege-

ben, wir feiern den Jahrestag unseres Klubs »Zur Erhaltung der Freude«. Wenn Gäste kommen, so steht es ihnen frei: Diesen Bescheid erhielt ich. Sei also unbesorgt.

CHERUBIM Ich werde unerhört politisch werden und aufreizend im bürgerlichen Sinne. Freund, mir ist die Brust voll von neuen Gedanken, die ich zum ersten Male verkünden werde. Ich zweifle nicht am Erfolg! Wenn je, dann gründe ich heute mit euch meinen Bund zur Umgestaltung des Lebens. Ich sage dir, es wird ganz anarchistisch zugehn. Deshalb soll auch fortgesetzt, während ich rede, die Musik spielen; die Leute sollen Sekt trinken und wer tanzen will, soll tanzen. – Sind wir alle versammelt?

VON TUCHMEYER *zieht ein Telegramm aus der Tasche* Eben telegraphiert mir der Freund: er ist in wenigen Minuten bei uns. Eine wichtige Sache führt ihn zurück ... Wir werden also noch vor Beginn des Festes von ihm hören.

CHERUBIM Seit wann hast du diese Nachricht?

VON TUCHMEYER Seit zwei Stunden etwa. Sie ist aus seiner Heimatstadt. Gestern reiste er plötzlich ohne Abschied fort ... Vielleicht führt er uns neue Freunde zu.

CHERUBIM Von Tuchmeyer: unter uns – hast du nie etwas an ihm bemerkt?

VON TUCHMEYER Wie meinst du das?

CHERUBIM Ich fürchte seinen unstäten Sinn. Er ist keiner von denen, die um einer Idee willen alles opfern.

VON TUCHMEYER Ich habe nie einen Zweifel an ihm bemerkt. Im Gegenteil: er gehört uns mit Leib und Seele. Wie kommst du darauf?

CHERUBIM Seine plötzliche Abreise beunruhigt mich. Was bewog ihn? Wollte er an diesem Feste fehlen? Weiß er nicht selber, wie wichtig er ist?

VON TUCHMEYER Er gehört zu den kritischen Temperamenten, die immer das Gegenteil von sich erstreben. Er ist sein eigner Widerspruch, aber gerade darin liegt die Bejahung seiner Natur. Ich schätze in ihm, wie auch du, etwas Geistiges, das verborgen wirkt. Deshalb auch stelle ich ihn bedingungslos unter dich, der du den Mut hast zur Exhibition. Du bist das repräsentative Ideal unsrer Idee; er ist ihr Kontrapunkt. Ihr bedingt euch gegenseitig, wenn etwas werden soll.

CHERUBIM Seine Abreise beschäftigt mich. Er weiß doch, was auf dem Spiel steht ...

VON TUCHMEYER Du vergißt seine Hemmungen. Er muß sich auseinandersetzen, eh er eine Sache tut. Du lebst der Eingebung; er verachtet sie. Und er liebt die lauten Feste nicht. Aber er ist uns unentbehrlich – wie wir das alle einander geworden sind. Vielleicht ist er der Stärkste; der Größte ist er jedenfalls nicht.

CHERUBIM Ich habe manchmal vor ihm, wie vor einem Rivalen, gezittert. Ich sag es offen! Heute abend aber, zum ersten Male, bin ich ihm ganz überlegen. Er mag kommen oder nicht – ich fühle keine Angst mehr. Mein Wille ist fest.

VON TUCHMEYER Bald wirst du im Saal stehn!

CHERUBIM Laß uns die Zeit bis dahin nützen. Ich meine, ich muß mit dir reden: denn du, der Sohn des Geheimen Kommerzienrats, hast dein Erbe für uns verschwendet. Mit dir steigen und fallen wir. Mein lieber von Tuchmeyer! Der Teufel hole deinen Vater, hätte er etwas erworben, was auf die Dauer seinem

Sohne weniger Nutzen brächte, als eine gute Fabrik oder ein Bergwerk. Deshalb unterrichte ich dich über alle Schwankungen, denen dein Kapital ausgesetzt ist, und ich glaube, ich bin heute Abend zu einer befriedigenden Bilanz gelangt.

VON TUCHMEYER Lieber Cherubim! Solange mein Vater lebte, saß ich jeden Tag in seinem Bureau als armer Kommis, und der Tod war für mich eine heitre Sache. Erst, seitdem ich dich kenne, weiß ich, daß man trotz seines Geldes leben kann: Deshalb ist mein Glaube an dich ungeheuer.

Mein Vater hat mich für seine Rechnung arbeiten lassen und mich ebenso betrogen, wie jeden Koofmich in Russisch-Polen. Wäre er nicht zur rechten Zeit gestorben, als ich die hundsföttische Sklaverei erkannte, ich glaube, ich hätte ihn ... und so weiter. Noch heute denke ich mit Übelkeit an dies väterliche Instrument mit der doppelten Buchführung, an diesen jüdischen Jobber, der mir mit seiner Speckigkeit die schönsten Jahre verdorben hat. Deshalb bitte ich dich – sprich mir nicht von Bilanzen: ich werde sonst wahnsinnig!

CHERUBIM Ich fühle mich verantwortlich – mehr als du glaubst. Ich weiß, du bist nicht fähig, einen Wechsel zu lösen, und wenn du die Seligkeit mit einer Unterschrift beglaubigen müßtest, du würdest sie lieber verschlafen. Du bist herrlich, aber du hast von Werten keine Ahnung. Ich will nicht, daß du eines Tages arm bist. Dein Vermögen fundiert unsre Idee. Was wären wir ohne dich? Kleine Schlucker, die nicht einmal ein Lokal hätten, wo sie diskutierten. Ich habe dich zu einem Edelmut verlockt, den du eines Tages bereuen könntest. Nein, erröte nicht – es ist so! Übrigens werde ich ja gleich im Saale ganz anders reden. Es handelt sich doch hier um dich und um mich – deshalb unter vier Augen.

VON TUCHMEYER Auf alles, was du mir sagst, werde ich immer erwidern: ich wäre tief unglücklich, könnt ich das blöde Geld, das mein Vater zusammengemistet, nicht irgend einem gemeinsamen Gedanken unter Menschen zurückgeben. Es ist doch nur gerecht, wenn in Unfreude Erworbenes, an dem soviel Unglück klebt, wieder der Freude fruchtbar wird! Ich brenne förmlich auf ungeahnte Sensationen, daß man sie, allen Idioten zum Trotz, auf der Erde verwirklicht. Wie herrlich ist dieser Kampf gegen die Welt! Und wenn es schon die zehn Gebote gibt, eins davon sehe ich darin, meinen Vater aus der Erinnerung der Lebenden auszulöschen. Nebenbei bin ich durchaus ein Egoist und habe mein Vergnügen dran.

CHERUBIM Gut; so höre!

Vor heute, genau einem Jahr, trafen wir uns zufällig: du, der Freund, der Fürst und ich, in einer unscheinbaren Bar. Mit einigen Libertinen, die uns die Zwischenräume diskutierter Nächte durch angenehme Spiele vertrieben, taten wir uns zusammen zu einem Klub und nannten ihn »Zur Erhaltung der Freude«. Wir haben uns seitdem des öftern gesehen und einige Orgien gefeiert. Aber ich frage dich: Was ist geschehn? Kein Dogma wurde verkündet, dagegen schlossen etliche Jünglinge, deren Wechsel klein ist und einige unbefriedigte Damen sich uns an. – Habe ich Unrecht, so unterbrich mich! Es ist nicht nötig, daß wir mit den Sternen in Konkurrenz treten, in

China Revolution machen oder eine Entdeckung im Nervensystem des Frosches – all das können wir nicht. Wir haben den Ehrgeiz, es auch nicht zu tun. Aber es ist wichtig, daß man jene, die gleich dort im Saale sitzen, für etwas begeistert. Man muß ihnen klar machen, daß im Verlaufe dieser 12 Monate keiner von uns gestorben ist. Und das ist viel! Bedenke, was das Leben heißt.

VON TUCHMEYER Ist das ein Widerspruch zu diesem Jahr?

CHERUBIM Es ist ein Widerspruch. Hör mich zu Ende. Zwar haben wir in 12 Monaten gelebt – aber wir wußten nicht wozu. Das Leben allein genügt nicht. Auf die Frage will ich heute Antwort geben: Wir leben für uns! Und ich werde diesen Passus meiner Rede zu ungeheurem Pathos steigern: wir wollen dem Tode, der uns verschont hat, ein Opfer bringen!

VON TUCHMEYER Nicht aus Angst vor dem Publikum, sondern aus Neugierde: worin soll das Opfer bestehn?

CHERUBIM Darin, daß wir den Gott der Schwachen und Verlassenen von seinem Throne stürzen. An seine Stelle heben wir die Posaune der Freundschaft: unser Herz. Denn wir Vielfachen, wir Gestalten von heute, leben dem unermeßlich Neuen. Wir sind berufen für einander – so laßt uns die kleinen Gesetze der Schöpfungen korrigieren, Kampf, Entbehrung und die Grenze der unvollkommenen Natur – laßt uns den Mut haben zur Brutalisierung unsres Ichs in der Welt!

Zweite Szene

Der Vorhang zerteilt sich. Fürst Scheitel, in Frack und Mantel, tritt ein.

DER FÜRST Guten Abend, meine Herren! Lassen Sie sich nicht stören.
Er legt ab.

CHERUBIM *ihm entgegen* Fürst Scheitel – Sie sind es! Sie kommen wie gerufen. Wir diskutieren die Möglichkeit einer neuen Religion. Ich mache einen Staatsstreich heute Nacht!

VON TUCHMEYER Fürst – wir bewundern Ihre Treue! Sie bringen uns das größte Opfer: das gefährlichste für Sie. Wie gelang es Ihnen, dem hohen Souverän, Ihrem Vater, diesen Abend zu entkommen? Wir haben Sie nicht mehr erwartet.

FÜRST SCHEITEL Meine Herren! Wozu haben wir den Kintopp? Man lernt auch hier. Ich sah neulich ein Intrigantenstück, die verkappte Geschichte meines Vetters, des Herzogs. Sie wissen, er hatte eine Liäson mit seiner Soubrette, und man hat das für eine Pariser Firma bearbeitet. Ich machte es genau wie er: mischte meinem Adjutanten ein Schlafmittel ins Glas und entwischte hinter einer Gardine. Bemerken Sie, daß Adjutanten immer trinken müssen! Nun, ich fühle mich ganz im Zauber des schlechten Romans; schade, daß kein Weib hier ist. – Doch Sie sprachen von etwas Anderm. Bitte, fahren Sie fort.

CHERUBIM *mit Herzlichkeit* Lieber Fürst! Augenblicklich sind wir beschäftigt, unser aller Verdienste hier auf der Börse zu notieren. Da durften Sie nicht fehlen. Ich gestehe, daß ich manchmal bei Ihnen ein leises Mißtrauen hatte, vor Ihrer allzu soignierten Gestalt. Jetzt erkenne ich, wie recht Sie haben. Ihre stille Anmut stürzte uns oft in die Eleganz der Sphären. Von Ihnen empfingen wir den Ruhm des Monokels im Auge und die Krone des stummen Saluts, wenn Sie einst als regierender Fürst, unerkannt, im Trommelwirbel an uns vorüberfahren. Wirklich: Ihre Freundschaft ist die höchste, weil sie die schwerste war.

DER FÜRST Aber meine Herren – Sie beschämen mich! Sie sind viel mehr und haben mehr Chancen als ich in meiner Stellung. Leider ist der Luxus auf unsern Thronen noch nicht bis zum Geiste gelangt, sonst wäre ich der erste für eine Republik. Ich bin zu Ihnen gekommen, weil ich mich auf diese Nacht freue – und weil ich in Ihrem Klub bin. »Klub zur Erhaltung der Freude«! Meine Herren, ich finde noch immer, daß dieser Klub gut ist. Im übrigen will ich an einem so wichtigen Feste, wenn auch hinter den Kulissen, nicht fehlen.

VON TUCHMEYER Wie kamen Sie her?

DER FÜRST Standesgemäß, doch zu Fuß. Als ich die Treppe hinaufstieg, fuhren gerade Automobile vor, und in der Garderobe legt man bereits ab. Zu nett ist dieses Volk – wir werden ein großes Publikum haben! Von Tuchmeyer, Sie müssen mir hinter dem Vorhang Gesellschaft leisten, und wir wollen den Erfolg sehn. Ich möchte die Nationalhymne singen: Gott erhalte meinen Vater am Leben, daß ich noch lange Ihr Freund sein kann. Wenn er tot ist, muß ich mich auf den Thron setzen, schon der Presse wegen. Ich kann es nicht ändern. Und ich werde mich prinzipiell an keinem Umsturz beteiligen, denn ich habe aufs Gehirn meiner Nachkommen Rücksicht zu nehmen. Außerdem finde ich es albern – für einen Fürsten. Sie, meine Herren, dürfen allzeit die Welt verändern. Ich muß sie, aus größerer Klugheit, beim Alten lassen.

CHERUBIM Und von diesem Rechte, Fürst, machen wir Gebrauch! Wenn schon mit dem Gedanken vertraut unsrer minderen Wichtigkeit auf der Erde, wollen wir uns wenigstens zu höchster Steigerung bringen. Ich habe das Mittel dafür gefunden, und ich werde es anwenden. Vertrauen Sie mir.

Sie setzen sich, Zigaretten im Mund.

CHERUBIM *mit oratorischer Bewegung* Ich werde unten im Saale jeden beim Namen nennen. Er nehme sein Champagnerglas und stelle sich neben mich, und ich werde rufen: Du lebst – empfinde, daß du glücklich bist!

Und dann werde ich auf meinem Pult, wie Apollo im Tale Endymion, von Frauen umringt, die Heiterkeit um mich versammeln. Sie kennen die Adrienne mit ihrem süßen Gesicht? Denken Sie sich dies Weib in ihren strahlenden Schultern! Ich will mich über sie beugen und verkünden, daß alle Menschen zum Glücke geboren sind. Und ich will sehn, ob sie mir nicht zujubeln, trotz Angst und Verwirrung; ob unter uns ein Verräter ist.

DER FÜRST Bravo! Zwar eine Farce gegen die Statistik, aber immerhin, sehr amüsant. Sie werden neben Ihrem Pulte einen Korb Rosen finden. Ich ließ ihn hinstellen für Sie. Vielleicht werfen Sie bei dieser Stelle die Rosen ins Publikum!

CHERUBIM Ja, ich bin für die Wirkung! Sie hören es jetzt: einen Bund zur Propaganda des Lebens –

deshalb muß ich die Freude predigen, skrupellos. Genießt den Duft der Rose ohne Dorn! Stellt Tische hin, an denen gespielt und nicht verloren wird! Zieht Frauen auf, die uns alle lieben! Es lebe unser herrlich weltliches Gefühl!

Dritte Szene

Eintritt plötzlich durch die Türe der Freund.

DER FREUND Du lügst, Cherubim!
Alle fahren erschrocken herum. Er reißt die Maske ab und steht vor ihnen, im Frack.
CHERUBIM Hallo! – Du bist's.
DER FREUND Ja. Ich bekenne mich schuldig: ich hab vor der Türe gelauscht. Es braucht also der Wiederholung nicht. Ich habe alles gehört. Und ich erkläre dir den Kampf!
CHERUBIM Was soll das heißen?
DER FREUND Das heißt: in zehn Minuten ist der Saal drüben voll. Du wirst heute Nacht keine Rede halten.
CHERUBIM Bist du des Teufels! Ich muß reden. Woher dieser Ton?
DER FREUND Das wirst du erfahren. Ich kann dich zwar am Reden nicht hindern; doch ich rede nach dir.
CHERUBIM *erblaßt* Was wirst du reden?
DER FREUND Die Wahrheit, mein Lieber. Du hast dir viel Mühe gegeben, man muß es sagen. Nur fürchte ich, diesmal versagen deine Tricks.
CHERUBIM Meine Tricks ...!
DER FREUND Und die Rosen, mein Freund. Hüte dich,

daß sie sich nicht in faule Eier verwandeln und auf deinem Haupte enden.
Sie umdrängen ihn alle.
CHERUBIM Jetzt sprich: was hat dich in 24 Stunden so verändert?
DER FREUND Ihr seid, scheints, alle sehr gespannt. Das führt zu weit. Die Stunde heischt Kürze. Cherubim! Diesen schönen Namen hast du dir beigelegt. Sonst hab ich nie mich besonnen, das Wort mit vollem Klange zu sagen. Nun bin ich voll Ekel. Ich kann dir nicht mehr in die Augen sehn. Wie hast du gewagt, dich mit dem Namen des Engels zu nennen – du Spiel und Laune von einigen Nächten! Und wirklich: du willst weiter diesen Betörten Taumel und Trunkenheit predigen? Empört sich nicht etwas in dir gegen die Lüge? Betrogene Bewunderung, die wir deinem Lockenhaare zollten! Du Verkünder Gottes auf Erden – wie schal ist dein Reich.
CHERUBIM *springt mit allen Zeichen des Entsetzens zurück* Ein Aussätziger ist unter uns!
DER FREUND *mit tiefem Ernst* Nein! Einer, der den Stachel erkannt hat. Was genießt ihr denn? Was habt ihr vollbracht? Habt ihr im Überfluß etwas Gutes oder Böses getan, das euch die Augen öffnet? Hattet ihr Tränen, wenn am Morgen nach vergeudeter Nacht ein Unglück in eurer Zeitung stand? Habt ihr einen, der euer Feind war, umgebracht? Und selbst wenn ihr die Ohnmacht alles Irdischen fühltet – war euch damit geholfen?
Was soll diese Geste, dies tönende Barock? Mir ist übel. Ihr wollt in Heiterkeit entfliegen und seid tiefer im Dreck. Das nennt ihr ein neues Programm?

VON TUCHMEYER Man höre nicht auf ihn. Er ist verrückt.
DER FREUND Herr von Tuchmeyer! Es ist wahr: Sie haben Ihr Erbe dem Gedanken der Freude geopfert – aber wie, wenn dieser Gedanke ein Trugschluß war? Wer beweist Ihnen die Richtigkeit einer Tat? Ihr Geld und Ihre Seele stecken in diesem Klub – was würden Sie sagen, wenn das, wofür Sie leben, nur ein lächerlicher Fall ist? Ja, ihr kindlichen Gemüter: der Beweis fällt nicht schwer, angesichts solcher Helden. Wenn man zu Ende ist mit einer Weisheit, fängt meistens das Gegenteil an. Mit einem Wort, Verehrte, wozu leben Sie noch? Ihr Ziel ist doch erreicht! Man verschwinde also. *Keiner antwortet ihm* Euer Schweigen redet lauter! Weshalb kamen euch sonst diese Fragen nicht? Worüber habt ihr eigentlich nachgedacht? Verteidigt euch! Ist ein Fehler in meiner Rechnung? Nun, ihr Monumente aus dem Nichts, begebt euch doch in euer Kartenhaus!
CHERUBIM Ich will nur das eine gegen dich sagen, bester Freund: wie schmerzlich wäre es doch, wenn selbst du uns heute abend entrückt wärest – in die Gefilde jenseits dieser lachenden Erde.
DER FREUND Sagt das etwas gegen mich? Muß man denn leben? Und rechtfertigt es euern Mummenschanz? Ich bin hier um zu verhindern, daß andre, denen es schlecht geht, eure Fröhlichkeit teilen. Die Freude zu besitzen, tötet. Ich rotte diesen Bazillus aus! Freut euch deshalb nicht über mich. Es ist noch zu früh.
VON TUCHMEYER Welcher Irrsinn, gegen die Welt zu reden, weil Sie leben! Eine Falle Ihres Geistes, den

wir bewundert haben. Sie sind erbärmlich gestrauchelt. Ein Büßer mutet immer komisch an. Gehn Sie ins Kloster, oder liegt Ihnen die Rolle des Clowns besser, treten Sie im amerikanischen Zirkus auf.

DER FREUND Lieber Herr, ich bin ein Jahr lang mit Ihnen vergänglich geworden – deshalb tu ich das Eine nicht und auch nicht das Andre. Doch hab ich, begreiflicherweise, den Wunsch, mich von Ihnen zu befreien – das würden Sie an meiner Stelle auch tun. Also lassen Sie mich doch reden!

CHERUBIM Kurz und gut: was willst du?

DER FREUND Jene dort überzeugen, daß es keinen Zweck hat.

CHERUBIM *auf ihn zustürzend* Das tust du nicht!

DER FREUND Zurück! Ist das dein Gesicht? Aus dieser Larve entpuppst du dich mir: Ich meine, dein Wille ist so fest! Weshalb wagst du denn nicht den Kampf? Laß uns doch beide reden, einer nach dem andern – oder fielst du schon heimlich um? So hab doch den Mut, es zu bekennen, und geh lautlos ab. Weshalb der Lärm?

CHERUBIM Verräter! Hinaus!

Er und von Tuchmeyer drängen ihn gegen die Türe.

DER FÜRST *fällt ihnen in den Arm* Meine Herren, halt! Lassen Sie mich auch ein Wort sagen. Sind wir denn hier im Parlament? Soll doch jeder tun, was er will. Ich habe durchaus nichts gegen Rebellen und Antimonarchie. Und ich sage es offen: ich stelle mich auf Seite des Rebellen – ich finde, er hat Recht! Er fragt: weshalb. Seine Fragestellung imponiert mir. Können Sie ihm denn Antwort geben? Wenn er es kann – weshalb soll er es nicht?

Dritte Szene

CHERUBIM *trocknet sich die Stirn* Mein Gott, ja! Aber doch nicht heute – dies paradoxe Gewäsch – wo alles auf dem Spiel steht.

DER FÜRST So lassen Sie es doch – das Spiel. Es siegt, wer stärker ist. Ich glaube an keinen von beiden. Aber wer will, soll ruhig auf der Kippe stehn. Sie wollen ja etwas – also streiten Sie! Ich kann mir nicht helfen: da hat er Recht. Ich finde es zwar belanglos, sich aufzuregen über Aktionen jeglicher Art, aber wenn es geschieht, soll es ehrlich geschehn. Sie machen mir, Cherubim, nicht mehr den Eindruck eines so sichern Menschen.

CHERUBIM Fürst! Ich habe doch nicht umsonst gearbeitet! Ich kann nicht kämpfen, denn ich bin auf alle Register der Begeisterung eingestellt. Wenn jetzt etwas schief geht, stürzt alles ...

DER FÜRST Lassen Sie's stürzen! Eins stürzt nach dem andern. Sie brauchen mit Ihrer geistigen Apanage nicht Haus zu halten: seien Sie froh. Mit Ihnen ist doch nichts verloren – oder haben Sie im Ernste an sich geglaubt? Sie haben noch eben von Ihrer kleinen Wichtigkeit gesprochen. Dann haben Sie gelogen! Sie haben sich dem ewig Neuen unterworfen – tun Sie's jetzt!

CHERUBIM *in Verzweiflung* Nein, ich tu es nicht! Und ich will es auch nicht! Ich kann nicht.

DER FREUND *tritt auf ihn zu* Cherubim! Zum letztenmal diesen lästernden Namen und dann ins namenlose Zelt. Etwas Größeres, was du nicht bist, kam hier herein – dem füge dich. Du hast deinen Teil gehabt am Rosa-Gestirn: laß ab, einen falschen Glanz auf die Urne zu heften. Du hast dein ganzes Herz ver-

schwendet, deshalb haben wir dich geliebt. Wenn du
auch irrtest, was tut es: du hast gelebt. Zum höchsten
bist du nicht gelangt. Trotzdem *er reicht ihm die
Hand* hab Dank!
CHERUBIM *stößt ihn fort* Ich will euern Dank nicht.
Ich lebe noch! Ich nehme den Kampf auf. *Er richtet
sich empor* Wo sind meine Freunde? Wollen sehn,
ob sie mich alle verlassen ...
Er blickt um sich.
VON TUCHMEYER *tritt zu ihm* Ich bleibe bei dir!
DER FREUND Gut. Du willst, ich soll dir vor allen die
Maske vom Gesicht zerren. Ich werde dich nicht
schonen. Kampf bis aufs Messer. Fällst du, wirst du
mit Füßen getreten – und du fällst!
*Die Musiker im Saal stimmen ihre Instrumente.
Lichtschein und stärkeres Geräusch von vielen, schon
Versammelten setzt ein* Hörst du die Töne? Wirklich – bist du ohne Angst? Gib acht, ich rede gegen alles – und gegen dich. Deine Weiber und deine Locken
nützen dir nichts. Ich weiß ja, wozu die Rosen und
der Sekt dient! Bei meiner Rede wird nicht gespielt.
Ich werde die Nichtigkeit deiner Argumente nachweisen – ich kenne dich auswendig! Ich lasse die Haubitzen des Zweifels auffahren: sieh zu, daß nicht all deine
Freuden wie Luftblasen zerplatzen vor diesem Salut.
Mein Sohn, es kommt die Stunde des Gerichts; auch
ich bin gewappnet mit Feuer. *Brausende Versammlung im Saal* Hörst du! Hörst du! Schon wirst
du blaß. Nicht ein Erdbeben – ein kleines Wort
wird dein Himmelreich vernichten. Ich hole die Gespenster aus allen Ecken hervor und lasse sie Walzer
tanzen. Ich mach einen Totenkopf aus deinem Ge-

sicht. Wie ein Revisor die Unterschlagung: ich deck dich auf! Man wird dich aus dem Saale steinigen, mein Freund!
Cherubim zitternd, ergreift eine Sektflasche und trinkt.
DER FREUND Du trinkst noch? Mut! Du könntest stottern. Du willst keine Schonung – nun denn: ich bin verrucht genug, die Justiz zu rufen. Ich lasse dich wegen Aufreizung zur Unzucht verhaften. Da kannst du eine Zeitlang über deinen Blödsinn nachdenken. Weshalb sollst du nicht die Konsequenzen deiner Lehre tragen? Bessere als du sind am Kreuze gestorben.
DER FÜRST Um Gottes Willen, man rede nicht so vor meinem Staat! Ich bitte Sie, es ist doch kein Spaß. Wenn wirklich die Polizei kommt: ich kann Ihnen nicht helfen, ich bin noch nicht mündig. Wie denken Sie sich das?
DER FREUND In dem Falle verschwinden Sie durch den Notausgang.
VON TUCHMEYER *mit kalter Ruhe* Solange ich hier bin, wird nichts geschehn.
DER FREUND Herr von Tuchmeyer, ich weiß, Sie haben Geld. Andre haben das auch; deshalb sind Sie nicht schlechter – aber hüten Sie sich vor Dummheiten. Übrigens wird es Ihnen immer gut gehn: Machen Sie doch nicht andre zu Genossen Ihres subalternen Gefühls. Sie können ruhig Ihr Geld verschwenden, einst wird es wieder auf Ihren Schultern rollen. Aber was soll uns diese Welt mit Operetten und Monte-Carlo? Sind wir nicht an jedem Brunnen älter und ein andres Dunkel umhüllt uns! Leben wir denn, um im-

merfort in Kasernen dies Wort herzhaft zu bewegen? Verdammt mit solchen Scherzen! Ich hasse alle Menschen, die sterbend noch das Grün im Spiegel der Bäume sehn. Aufhängen soll man jeden, der nicht Unlust und Verzweiflung und das penetrante Risiko verspürt hat, sich von diesem Miststern geräuschlos zu entfernen. Begreife man, daß wir uns durch Gefahr der Ewigkeit nähern. Was nützt uns der Hahnschrei des Glücks. Verehrte, lernt euch verachten! Wen Gott straft, der genießt zuviel.

VON TUCHMEYER Haben Sie nicht Schwüre der Freundschaft begeistert mit uns getauscht? Weshalb verlassen Sie uns? Sie sind meineidig. Ich schäme mich Ihrer.

DER FREUND Lieber Tuchmeyer, gehn Sie ab vom Kreuzzug. Sie dürfen noch in Sekt und Umarmungen selig sein. Wir können das nicht mehr. Erlauben Sie deshalb, daß wir darüber nachdenken. Wir bleiben nicht immer zwanzig Jahre, und Genies dürften hier keine sein, *er dreht sich zum Fürsten um* außer Ihnen, Majestät.

Also ich erkläre es zum letztenmal: ich bin wurmstichig und habe den Mut, es vor aller Öffentlichkeit heute zu bekennen. Mag vor mir oder nach mir reden, wer will: ich werde das Gegenteil beweisen.

Und wenn Sie mir nicht glauben, so kommen Sie her: mein Herz klopft gar nicht – ich habe nicht mehr als 80 Pulsschläge in der Minute.

Er stellt sich und öffnet leicht den Rock. Erneutes Brausen im Saal. Dann Stille. Die Ouverture beginnt.

DER FREUND Ich hör schon die Ouverture. Ein gutes Arrangement! *Zu Cherubim* Präparier deine Handgelenke. Es geht los.

Dritte Szene

CHERUBIM *schweratmend überm Tisch* Schließen wir einen Kompromiß. Ich rede nicht. Sprich du aber auch nicht!
DER FREUND Nichts. Kein Kompromiß. Einer wird reden.
CHERUBIM Also du willst den Skandal ...
DER FREUND Ich laß dir einen Ausweg: es redet ein Dritter!
CHERUBIM Wer ist dieser Dritte?
DER FREUND Fügst du dich? Entscheide!
CHERUBIM Mein schönes, strahlendes Werk ...
VON TUCHMEYER Tu's nicht! Ich steh dir bei!
CHERUBIM *durch diese Stimme geweckt, richtet den Blick starr auf ihn* Ich gebe nach. Ich rette dein Geld!
DER FREUND Jetzt hab ich dich, Freundchen! Du sicherst dir das Kapital. Glückauf! Wir brauchen es nicht. Diesen Schlußeffekt hast du dir nicht erspart. Du Streiter in Gottes Hand! Nun, Ischarioth und Co., tut euch von neuem auf: Gott geb euch Treue und tröste eure Witwe.
VON TUCHMEYER Halt – ich bin noch hier! Wer ist nun der Verräter an uns allen? Du Cherubim, hast feige deine Größe verlassen. Und Sie – wer sind Sie auf einmal? Nun sind mir die Fäden zerrissen – auch ich schwanke – wem glaub ich denn noch? War mein Geld umsonst und was schlimmer ist: mein Glaube? Rächt sich schon mein seliger Papa? Macht man so Bankerott ...?
Die Ouvertüre ist zu Ende. Es wird laut geklatscht. Das Brausen im Saale schwillt an.
Die erste Nummer ist vorbei. Jetzt schnell! Es muß doch weitergehn. Ich fange an, mein eigner Regisseur

zu werden. Wir können doch nicht mitten im Programm aufhören ... nach der ersten Nummer!
Verzweifelt zum Fürsten.
Fürst! Sagen Sie etwas! Jetzt kommt doch die Hauptsache. Wenn nichts passiert, die Leute töten uns ja ... Auch Sie schweigen! Hier ist kein Notausgang ... Gibt keiner ein Zeichen???

DER FREUND *hebt den Arm* Schweigt alle jetzt – kein Wort! Kein Wort mehr, hört ihr? Ich geb euch das Zeichen!
Er eilt zur Tür, reißt sie auf, ruft.
Komm nun!

Vierte Szene

Der Sohn mit der schwarzen Maske im Frack, tritt ein.

DER FREUND *führt ihn, der nicht sieht, hypnotisch, ohne ihn zu berühren, mit den Fingern näher* Atme! Hier sind Menschen. Die Fahrt ist vorbei! Nicht mehr die angstvolle Enge der III. Klasse im Zug. Keiner verfolgt dich. Hier wirst du leben!
Er lüftet einen Augenblick seine Maske und sieht in sein visionäres Gesicht.
Hebe dein Antlitz! Die Erde geht auf – es sind keine Wärter, die dich prügeln!
Er führt ihn vor den Vorhang, dicht an den Saal.
Hörst du die – dort? Sie erwarten dich. Rede zu ihnen! Beschwöre die Qual deiner Kinderzeit! Sage, was du gelitten hast! Ruf sie zu Hilfe – ruf sie zum Kampf –

Leise Musik im Saal, wie am Ende des II. Aktes, aus der IX. Symphonie.

DER FREUND Was siehst du?

DER SOHN *unter der Suggestion fern und entrückt* Dieser Glanz, dieser Glanz! Auge, du scheinst. Hier ist es schön. Hier grüßt mich der Stern.

DER FREUND Wen siehst du?

DER SOHN *mit tastenden Armen* Als Kind oft durft ich, wenn ein Fest bei uns war, zum Dessert vor den Damen erscheinen. Wie steh ich nun wieder in Früchten und Eis unter dem strahlenden Leuchter. Ihr Damen und Herren – ich kenne euch ja – ein linkischer Knabe begrüßt euch –

Er verneigt sich langsam im Kreis.

Ich hab ihre Spuren in Nächten gesehn! O, daß ich bei ihnen sein darf! Aus dem lichtlosen Äther komme ich her; der Ärmsten einer, und doch bin ich hier. Daß mir das Wunder zuteil ward!

DER FREUND *reißt den Vorhang auf und stößt ihn aufs Podium in den Saal* Nun sprich zu ihnen! Ein Toter nicht mehr – du bist frei!

Fünfte Szene

Das Brausen im Saal, die Musik verstummt. Man sieht kurz den erleuchteten Raum voller Menschen. Ein langer Ton der Erwartung, Überraschung, des Staunens setzt ein. Dann wird es still.

DER FREUND *gedämpft* Stellen Sie sich an den Vorhang, von Tuchmeyer, und hören Sie zu!

Er eilt nach vorne, als dirigiere er hinter dem Vorhang unsichtbar einen Chor.
Nehmen wir alle teil an diesem Akt – jetzt gilt es –
Man hört im Saal die Stimme des Redenden, doch ohne die Worte zu verstehn. Alle sind in höchster Erregung im Zimmer verteilt.
DER FREUND Dort steht ein Mensch, der in 20 Jahren mehr Leid erfahren hat, als wir Freude in einem Jahr. Deshalb hat Gott ihn gesandt ...
Unruhe im Saal.
Was ist?
VON TUCHMEYER Er reißt die Maske ab. Seine Augen sehen noch nicht. Er redet von seiner Kindheit. Viele können ihn nicht verstehn ... da, jetzt spricht er lauter. Einige stehen auf und kommen näher ...
DER FREUND *die Hände ballend* Bewegt er die Hände?
VON TUCHMEYER Nein. Doch – jetzt –
DER FREUND *öffnet die Arme* – streckt er sie aus: so?
VON TUCHMEYER Er ist irre! Er sagt –: er nimmt die Marter unsrer aller Kinderzeit auf sich!
DER FREUND Ah – er redet wahr! Weiter, was tut er?
VON TUCHMEYER Jetzt ist er vom Podium gesprungen. Er steht mitten unter den Leuten. Er sagt –: daß wir alle gelitten haben unter unsern Vätern – in Kellern und in Speichern – vom Selbstmord und von der Verzweiflung –
DER FREUND *beugt sich mit allen Muskeln gespannt, vorwärts* Die Geister stehn ihm bei!
Er bewegt die Glieder und die Züge seines Gesichts mit magischer Gewalt.
Hörst du! Sag es!

Ein furchtbarer Wille ist in ihm, den Redenden unter seinen Gedanken zu zwingen.
VON TUCHMEYER Es gibt ein Unglück!!! Er sagt: die Väter, die uns peinigen, sollen vor Gericht! Das Publikum rast – –
Ungeheurer Tumult im Saal.
CHERUBIM *und* DER FÜRST *rechts und links am Vorhang* Alles in Aufruhr. – Sie dringen auf ihn ein. – Die Stühle sind los – die Tische –
CHERUBIM *hysterisch schreiend* Bravo! Ein herrlicher Fall!
DER FREUND *ganz vorn* Ruhe! *Er holt einen Revolver aus der Tasche* Ich töte ihn, wenn er verliert!
VON TUCHMEYER *am Vorhang* Da – jetzt –
DER FREUND *mit dem Rücken zum Saal, ohne sich umzuwenden* Was?
VON TUCHMEYER Er reißt sich die Kleider vom Leibe. Er entblößt die Brust. Er zeigt die Striemen, die ihm sein Vater schlug – seine Narben! Jetzt kann man ihn nicht mehr sehn, so viele sind um ihn. Jetzt – sie ergreifen seine Hände – sie jubeln ihm zu –
DER FREUND *im Triumph* Jetzt hat er gesiegt! Jetzt hat er's vollbracht! *Er steckt den Revolver ein und kehrt sich um. Im Saale brausender Beifall. Hochrufen.*
VON TUCHMEYER Sie heben ihn auf die Schultern! Die Studenten tragen ihn!
DER FREUND Was sagt er?
VON TUCHMEYER Er ruft zum Kampf gegen die Väter – er predigt die Freiheit –! »Wir müssen uns helfen, da keiner uns hilft«! Sie küssen ihm die Hände – welch ein Tumult! Sie tragen ihn auf Schultern – zum Saale hinaus ...

Immer neue Hochrufe.

DER FREUND   Er hat den Bund gegründet der Jungen gegen die Welt! Listen auf – alle sollen sich unterschreiben!

VON TUCHMEYER *reißt sein Notizbuch entzwei* Alle sollen sich unterschreiben! Mein Vater lebt nicht mehr. Heut ist er zum zweiten Male gestorben. *Er wirft Blätter auf den Tisch.*

CHERUBIM   Tod den Toten! Der meine schickt mir kein Geld mehr. *Mit lauter Stimme* Ich unterschreibe!

DER FREUND *zum Fürsten* Und Sie, Majestät, wie wird Ihnen? *Er hält ihm die Blätter entgegen.*

DER FÜRST   Geben Sie her!

DER FREUND   Das nennt man Revolution, Bruder Fürst!

DER FÜRST *ekstatisch, springt auf einen Tisch, reckt seinen Arm empor wie das Schwert der Freiheitsstatue* Meine Herren! Wir sind ein Menschenalter! So jung werden wir nie mehr sein. Es gibt noch viele Idioten – aber – zum Teufel: wir leben länger!

Er beginnt, auf dem Tisch stehend, die Marseillaise. Die andern singen mit. Stimmen im Saal fallen ein.

»Allons enfants de la patrie,
Le jour de gloire est arrivé ...«

Ende des dritten Aktes.

Vierter Akt

Erste Szene

Am nächsten Morgen.
Ein Hotelzimmer im Stil der Chambres garnis, jedoch ohne Bett. Auf dem Tisch ist das Frühstück gedeckt.
Adrienne, vor einem Spiegel, frisiert sich.
Der Sohn, nachlässig im Frack.

DER SOHN Jetzt, wo du die Haare kämmst, fällt mir ein, daß du schon viele vor mir geliebt hast.
ADRIENNE Wieso?
DER SOHN Mich quält eine sonderbare Eitelkeit.
ADRIENNE *kämmt weiter* Ich liebe dich.
DER SOHN Du hast doch Geld von mir genommen!
ADRIENNE Und du? Lebst du von der Luft? Hast du nicht auch Geld genommen gestern für deine Rede? Wir müssen alle essen.
DER SOHN Das ist richtig. Ich nahm Geld. Ich habe dafür einen Akt aus meiner Jugend gespielt.
ADRIENNE Mit wem ich morgen schlafe, geht heute keinen an. Ich bin ein Weib und kann nicht mehr tun.
DER SOHN Man hat mich auf die Schultern gehoben. Ich muß nachdenken, dann wird es mir klar. Ich bin in einer andern Welt.
ADRIENNE Du hast doch Revolution gemacht gestern! Weißt du das nicht mehr? Vielleicht steht es schon in der Zeitung.
DER SOHN Was vor 8 Stunden war, ist für mich schon historisch; gestern habe ich noch Geschichte gepaukt.

ADRIENNE *nachdenklich* Da sieht man, wie Revolutionen entstehn!

DER SOHN *lächelnd* Nein, du irrst! Ich bin gar nicht so raffiniert. Ich bin kein Schauspieler. Ich war echt.

ADRIENNE Du weißt nicht mehr, was du gemacht hast?

DER SOHN Ich erinnere mich, wir nahmen einen Wagen und fuhren in die Vorstadt hinaus. Ich sah dich nur flüchtig – du schienst mir sehr schön. Mein Gott, ich habe ganz vergessen, mich bei den Studenten zu bedanken. Sie trugen mich wohl eine halbe Stunde im Regen herum. Jemand drückte mir Geld in die Hand.

ADRIENNE Ist es viel?

DER SOHN Es wird langen.

ADRIENNE Du bist aus vornehmem Haus. Man sieht es an der Wäsche.

DER SOHN Wie kommst du darauf?

ADRIENNE Mein Kleiner! Du hast keine Erfahrung in der Liebe, und von den schönsten Spielen verstehst du nichts. Du mußt erst erzogen werden. Ein Mann von deinem Stande braucht das.

DER SOHN Ich dachte, das kommt von allein.

ADRIENNE So klug sind die Männer nicht! Du willst doch einmal heiraten. Du könntest böse hereinfallen; deine Frau wird dich betrügen – weil du nichts verstehst.

DER SOHN Adrienne, das wußte ich nicht. Was ist da zu machen!

ADRIENNE Willst du bei mir lernen? Ich bringe dir alles bei. Und du wirst sehr klug werden.

DER SOHN Mein Vater hat mich nicht einmal gelehrt, was man nach dem Lieben tun soll. Es war doch zum mindesten seine Pflicht.

ADRIENNE Die Väter schämen sich vor ihren Söhnen. Das ist immer so. Weshalb schickt man sie nicht zu uns? Man schickt sie auf Universitäten.
DER SOHN Wieviel Ekel und Unglück könnte verhütet werden, wenn ein Vater moralisch wäre! Er ist der nächste dazu.
ADRIENNE Statt dessen verfolgt uns die Sittenpolizei.
DER SOHN Ich verstehe. Ihr fangt an, eine Rolle zu spielen. Man muß von seinem Vater verlangen, daß er uns mit freiem Herzen zur Hure führt. Ein neuer Passus für unsern Bund. Ich werde ihn in meiner nächsten Rede sagen ...
Er geht erregt umher.
ADRIENNE *mit ihrer Frisur zu Ende* Frühstücken wir derweil.
Sie setzen sich.
ADRIENNE *kauend* Hast du noch nie mit einer Dame gefrühstückt – nach der ersten Nacht?
DER SOHN Noch nie. Weshalb?
ADRIENNE Du bist ungeschickt. Alle haben mir die Bluse zugeknöpft – du kennst die einfachsten Anstandsregeln nicht.
DER SOHN Ich bin ein Anfänger in der Liebe: das wird mir mit Schrecken klar. Aber die Kunst ist groß, und ein junger Mann muß Bescheid wissen, bevor er die höhere Mathematik versteht. Ich nehme deinen Vorschlag an – unterrichte mich! Ich bewundre dich: du weißt viel mehr als ich. Ich war so ängstlich, als wir heute Nacht die Treppe hinaufgingen, an den frechen Kellnern vorbei. Wir sind durch die Mitte des Lebens gewandert ... aus allen Zimmern dieses verrufenen Hotels brachen Ströme, dunkle und unbewußte ...

ADRIENNE Gib mir die Butter!
DER SOHN Ja, und wie du den Mantel nahmst und aufs Bett warfst – das werde ich nicht vergessen. So selbstverständlich, so klar in sich! Ich weiß jetzt, mit welchem Ton man eine Kerze verlangt, die nicht da ist.
ADRIENNE Du mußt nächstens nicht so unruhig sein.
DER SOHN Ich sah zum ersten Male, wie man sich auszieht. Und das langsam genießen! Wie schön ist ein Geldgeschäft: man ist ganz unter sich.
ADRIENNE Habe ich dir gefallen?
DER SOHN Erst blau und dann rosa; das Schwarz der Strümpfe! Mir gefielen die Spitzen sehr.
ADRIENNE Und ich?
DER SOHN Ich weiß nicht mehr, wie du aussahst.
ADRIENNE *mit großer Ruhe, nimmt ein neues Stück Brot* Du liebst mich noch nicht.
DER SOHN Im Ernst – sei nicht böse. Ich war enttäuscht. Wie nüchtern ist ein Körper und ganz anders, als man sich denkt. Adrienne, du lebst für mich, wie du aus dem Wagen in den Korridor tratest. Wie du in einem fremden Hause Bescheid weißt! Du bist eine Heldin. Ohne dich wäre ich vor Scham in die Erde gesunken. Auf verschossenem Samt am Geländer – ich glaube, das ist die gleiche Anmut, über Goldfelder und malayische Spelunken zu gehn. Ich habe nichts Irdisches mehr an deinen Füßen bemerkt –
ADRIENNE Manche Herren lieben nur meine Füße. Ich muß nackt auf dem Teppich tanzen.
DER SOHN Wohin führt dieses Wort! Welch ein Zauberkreis. Im Panoptikum einst eine Dame war blautättowiert ... viele Dinge gibt es, von denen man trotzdem weiß.

ADRIENNE Weshalb hast du nicht geschlafen?
DER SOHN Ich war nicht müde. Ich liebte dich sehr in der Dämmerung, ruhend auf dem gleichen Lager, als du mich nicht mehr empfandest. Ich glaube, erst da liebt ich dich ganz.
ADRIENNE *mit ruhiger Überlegenheit* Du kannst es noch nicht. Aber du wirst es lernen.
DER SOHN Ich bin begierig auf diese Kunst. Welche Angst, zu nehmen, was einem geboten ist! Doch man muß sie überwinden.
ADRIENNE Ich hab meine Handschuhe verloren. Schenk mir ein Paar neue!
DER SOHN *legt ein Goldstück auf den Tisch* Ich weiß nicht was Handschuhe kosten.
ADRIENNE Das ist zuviel! Ich bring dir zurück.
Sie setzt ihren Hut auf.
DER SOHN Wo gehst du hin?
ADRIENNE Nach Hause, mich umziehn.
DER SOHN Wann kommst du wieder?
ADRIENNE Soll ich dich abholen?
DER SOHN Ich warte auf dich.
ADRIENNE Hast du noch einen Groschen für die Bahn?
DER SOHN *gibt ihr* Hast du Geschwister?
ADRIENNE Ach, reden wir nicht davon. Meine Schwestern sind anständig.
DER SOHN Es ist doch merkwürdig, das zu bedenken.
ADRIENNE Weshalb willst du es wissen?
DER SOHN Ich suche ein Äquivalent für meine Schwäche. Du bist mir zu überlegen.
ADRIENNE So schnell verlier ich das Gleichgewicht nicht!

DER SOHN Ich hasse jeden, der meine Zustände weiß. Ich begreife einen Mann, der ein Weib tötet, das ihn durchschaut.
ADRIENNE Aber Bubi! Wer wird schon von so etwas reden – in deinem Alter!
DER SOHN Du weckst meine schlummernden Talente. Seitdem ich dich kenne, seh ich manches klarer in mir. Die Freude an euerm Geschlecht regt zum Denken an. Man findet immer wieder einen Weg zu sich.
ADRIENNE *zuversichtlich* Heute abend ist Tanz in Pikkadilly. Ich führe dich ein! Nachher gehn wir in die Bar.
Sie ist in Hut und Mantel.
DER SOHN *betrachtet ihre schlanke Figur* »Auf, in den Kampf, Tore-ro . . .«
ADRIENNE Adieu, Bubi!
DER SOHN *küßt weltmännisch ihre Hand* Adieu, Madame.
Sie geht, ihm zuwinkend, ab.

Zweite Szene

Er zündet sich eine Zigarette an und geht mit langen Schritten, gewiegt, durch das Zimmer. Die Asche legt er auf einen Teller. Eintritt der Freund.

DER FREUND Guten Morgen!
DER SOHN Bist du schon da?
DER FREUND Du scheinst nicht erfreut, mich zu sehn.
DER SOHN *verlegen* Oh doch – wie spät ist es?
DER FREUND Es ist 11 Uhr. Du hast erst gefrühstückt?

Um diese Zeit pflegtest du zu Hause nicht aufzustehn.

DER SOHN Ich brauche einen neuen Anzug. Wo bekomme ich den?

DER FREUND Hör mal, ich sah eben die süße Adrienne entschreiten.

DER SOHN Ich liebe sie.

DER FREUND Nein, du irrst.

DER SOHN Sie wird es mich lehren.

DER FREUND Das meinte ich nicht. Was wird sie dich lehren? Überspringe diese Schulklasse ruhig – du hast Besseres vor. Eine Dame ihres Genres ernst nehmen, ist eine Sache, nicht ganz deiner würdig. Du kommst in Konflikt mit den Ärzten. Ich rate ab.

DER SOHN Es reizt mich, eine neue Gefahr zu erleben. Ich lungre förmlich nach ihr.

DER FREUND Du wirst sie bald genug haben.

DER SOHN Auf welchem Gebiet?

DER FREUND Hast du vergessen, daß dein Vater dich jeden Augenblick zurückholen kann? Du bist minderjährig, mein Sohn.

DER SOHN Jetzt – wo ich im Leben stehe zum erstenmal – jetzt wieder in die Knechtschaft zurück? Nie.

DER FREUND Nenn diesen gemeinplätzigen Zustand doch nicht Leben. Eine witzlose Nacht mit einem Weibe – und du bist nicht einmal enttäuscht? Du warst nie so flach als bei dieser Dame. Jedes deiner Wahnsinnsworte am Abend, wo ich dich überraschte, ist größer.

Ich komme einen Propheten zu sehn und finde einen kleinen Flüchtling, der verliebt ist. Du spielst deine eigne Persiflage! Dein Fräulein im Elternhaus war ungeheuer. Aber diese Hure, welch eine geistlose Attrappe!

DER SOHN   Sie ist zum mindesten in meinem Leben so wichtig wie du.

DER FREUND   Teufel, laß uns ernst sein. Könntest du dein Gefühlchen unter der Lupe sehn, du würdest staunen, wie es von Läusen wimmelt.

DER SOHN   Ich will aber nicht! Ich sage dir, die Kleine wird mich abholen, und dabei bleibt es.

DER FREUND   So werde glücklich.
Er nimmt seinen Hut.

DER SOHN   Wohin?

DER FREUND   Ich überlasse dich den Huren. Schade um dich.

DER SOHN   Bist du verrückt? Rennt man so aus dem Zimmer?

DER FREUND   Nein, mein Junge. Entweder – oder. Zuhälter werden alle Tage geboren.

DER SOHN   Ich will, nach so viel Stationen, endlich eine Sache ganz tun.

DER FREUND   Dazu hast du Gelegenheit.

DER SOHN   Und wie?

DER FREUND   Wann ist das Rendez-vous?

DER SOHN   In einer halben Stunde.

DER FREUND   Dann können wir 20 Minuten reden. Setzen wir uns dazu. *Sie sitzen sich gegenüber.*
Du bewunderst dieses Mädchen? Sie mag dressiert sein und tüchtig in ihrer Branche. Zugegeben. Das ist viel!
Aber hast du nicht vor wenigen Stunden etwas getan? Mensch, du standest in einer europäischen Halle – bedenk das! Was für ein Ruhm lastet auf deinen Schul-

tern! Meinst du, so leicht kann man die Verantwortung von sich abschütteln? Dann verdienst du, daß man dich hängt. Wer einen Gedanken in die Welt schleudert und bringt den nicht zu Ende, soll des höllischen Feuers sterben. Das ist das Einzige, dem ich rückhaltlos das Recht der Existenz bekenne: Die Tat. Und wie stehst du jetzt da? Man sah dich von vorne, Prometheus, und nun sieht man dein Hinterteil – Nachtigall und Kindskopf. Man muß dir die Hosen halten.

DER SOHN Wovon reden wir? Von deiner Tat, nicht von der meinen. Du bist schuld an mir – ich stand unter deiner Suggestion; das weiß ich. Weshalb tatest du es nicht selber? Gib zunächst einmal darauf Antwort!

DER FREUND Mich kennen sie; leider. Ich habe ihre Notdurft zu oft geteilt. Ich bin kein Redner. Die Flamme ist mir versagt; ich würde am Ende selber gegen mich sprechen.

Aber du hast die Gemüter. Ich weiß nicht, wieso, aber du hast sie. Die größte Macht – und du brauchst sie nicht. Das ist doch zum verzweifeln! Erst hole ich dich aus deinem Käfig, und zwei Stunden lang bist du die Gewalt meiner Ideen. Und schon verrätst du mich und verkriechst dich hinter die Instinkte des Pöbels.

DER SOHN Als ich heute Morgen in der Dämmerung mit mir selber ins Reine kam, da erkannte ich nebenbei dies seltsame Theaterspiel. Ich mußte mich fragen, wer ich bin. Der Verdacht liegt nahe, daß deine Hilfe nicht ganz so parteilos war. Ich beklage mich nicht über meine Rolle – aber –

DER FREUND Ich gebe zu, daß mein Wille über dir geherrscht hat. Ich mißbrauchte dich von Anfang an. Sogar während der Rede habe ich dir, ohne daß du es wußtest, Worte und Gesten diktiert. Dein Haß gegen mich ist also vollkommen begreiflich.

DER SOHN *erhebt sich* Ach so!

DER FREUND *drückt ihn nieder* Noch einen Augenblick. Jetzt ist das Reden bei mir. Als ich dich sah, damals in der Stunde des Selbstmords, blutend an deinem Kampf, fiel es mir wie Schuppen von den Augen: hier war der Mann, den ich brauchte! Denn ich sah in ungeheuerster Erregung – du hattest, was uns allen fehlte –: Jugend und die Glut des Hasses. Nur solche Menschen können Reformatoren sein. Du warst der Einzige, der Lebendige, der Rufer: Gott will es.
Und so beschloß ich, dich auf einen Sockel zu heben, von dem hinunter du nicht mehr stürzen kannst.

DER SOHN Bist du dessen so gewiß?

DER FREUND Ja. Eine unzerstörte, unverbrauchte Kraft in dir bewegt dich nach vorne. Es hätte vielleicht nicht geschehen sollen. Aber wo es geschehen ist, kannst du nicht mehr zurück.

DER SOHN Und was soll ich tun?

DER FREUND Die Tyrannei der Familie zerstören, dies mittelalterliche Blutgeschwür; diesen Hexensabbath und die Folterkammer mit Schwefel! Aufheben die Gesetze – wiederherstellen die Freiheit, der Menschen höchstes Gut!

DER SOHN An diesem Punkt der Erdachse glühe ich wieder.

DER FREUND Denn bedenke, daß der Kampf gegen den Vater das gleiche ist, was vor hundert Jahren die Rache an den Fürsten war. Heute sind wir im Recht! Damals haben gekrönte Häupter ihre Untertanen ge-

schunden und geknechtet, ihr Geld gestohlen, ihren
Geist in Kerker gesperrt. Heute singen wir die Marseillaise! Noch kann jeder Vater ungestraft seinen
Sohn hungern und schuften lassen und ihn hindern,
große Werke zu vollenden. Es ist nur das alte Lied gegen Unrecht und Grausamkeit. Sie pochen auf die Privilegien des Staates und der Natur. Fort mit ihnen
beiden! Seit hundert Jahren ist die Tyrannis verschwunden – helfen wir denn wachsen einer neuen
Natur!
Noch haben sie Gewalt, wie einst jene. Sie können gegen den ungehorsamen Sohn die Polizei rufen.

DER SOHN Man sammle ein Heer! Auch für uns sind
die Burgen der Raubritter zu erobern.

DER FREUND Und zu vernichten bis ins letzte Glied.
Wir wollen predigen gegen das vierte Gebot. Und die
Thesen gegen den Götzendienst müssen abermals an
der Schloßkirche zu Wittenberg angenagelt werden!
Wir brauchen eine Verfassung, einen Schutz gegen
Prügel, die uns zur Ehrfurcht unter unsere Peiniger
zwingt. Dies Programm stelle ich auf, denn ich kann
es beweisen. Führe du das Heer.

DER SOHN Aber wer hilft uns? Bis zum 21. Jahre sind
wir preisgegeben der Peitsche und dem Wahnsinn des
väterlichen Gespensts.

DER FREUND Ist es das erstemal, daß ein Werk für die
Freiheit geschieht? Auf, die Fahnen und Schaffotte
der Revolution! Wenn das alte tot ist, macht man ein
neues Gesetz. Wir wollen brüllen, bis man uns im
Parlament unter der goldenen Kuppel hört. Um
nichts Geringes wagen wir unser Blut. Und der Gedanke, dies Feuer, mächtig zu allen Tagen der Welt,

wird nicht erlöschen vor Übermacht und Hinterlist. Wir müssen siegen, weil wir stärker sind.

DER SOHN Sind wir nicht allein – wir zwei in diesem Zimmer? In welchen Räumen tönt Widerhall?

DER FREUND In allen, wo junge Menschen sind. Hast du nicht geredet in der gestrigen Nacht? Hörtest du nicht die Stimmen des einen tausendfach? So glaube nur: Die Stunde ist da. Und sie fordert das Opfer.

DER SOHN Was kann ich tun! Ich bin nur ein armer Teufel, der selber vertrieben ist.

DER FREUND Du hast begonnen – vollende das Werk. Tu nun das Letzte. Empfange die heilige Pflicht.

DER SOHN Was hab ich Großes getan, daß du alles auf mich setzest!?

DER FREUND Das Schicksal von Millionen ist in deiner Hand. Was du gestern sahst, ist nur ein kleiner Teil des mächtigen Volkes von Söhnen, die auf deine Taten bereit sind. Der Funke ist entzündet – schleudre ihn ins Pulverfaß. Jetzt muß ein Fall kommen, ein ungeheurer, noch nicht dagewesener, der die ganze Welt in Aufruhr setzt. Auf diesem Boden an einer Stätte muß der Umsturz beginnen. Gestern klang deine Rede hinaus – heute mußt du es tun.

DER SOHN So sage mir, wie schon einmal an der Wende meines Lebens – was ich tun soll.

DER FREUND *zieht einen Browning aus der Tasche* Kennst du dies schwarze Instrument? Es beherbergt den Tod. Ein kleiner Griff – und Leben erlischt. Betrachte es genau: mit diesem Metall hätte ich gestern dich vernichtet; aber du hast gesiegt. Du hast den Tod überwunden: das macht dich unsterblich zum Leben.

Sieh an, es ist scharf geladen. Ich gebe es dir. Dasselbe,
das noch gestern hinter deinem Atem stand. *Er reicht
es ihm hinüber* Nimm es.

DER SOHN Gegen wen?

DER FREUND Bald bist du gefangen.

DER SOHN Nein!!!

DER FREUND Doch. Die Häscher sind dir auf der Spur.

DER SOHN Nein!! Nein!!

DER FREUND Dein Vater weiß, wo du bist. Er rief die
Polizei.

DER SOHN Wer – hat das getan?

DER FREUND Du willst es wissen: Ich.

DER SOHN Du ...!

DER FREUND *mit aller Ruhe* Ich teilte deinem Vater
deinen Aufenthalt mit.

DER SOHN *reißt den Revolver an sich und zielt* Verrat!
Stirb dafür!
Er drückt ab. Der Revolver versagt.

DER FREUND *ohne etwas zu verändern* Du hast ihn
nicht aufgezogen. Ich wußte, du würdest auf mich
schießen. Aber es ist noch zu früh. Ich bin nicht das
richtige Ziel – deshalb ersparte ich mir den Griff.
Du mußt ihn auseinanderziehn – so – jetzt ist die Kugel im Lauf – *Er tut es und reicht es ihm hin* Jetzt
kannst du schießen.

DER SOHN *läßt den Revolver sinken* Verzeih. – *Er
steckt ihn zu sich* Ich behalte dein Geschenk.

DER FREUND Und nun auch die letzte Klippe umschifft ist – wie zwecklos wäre ein Mord in diesem
Moment – so will ich dir sagen, weshalb ich es tat.
Ich kenne die Versuchung mit Ruhm und mit Weibern zu schlafen. Doch brauchte ich nichts zu fürch-

ten – ich sehe, du brennst noch. So ist es gut. Aber jeder hat die Probe auf sein Exempel zu machen; schon der Kleingläubigen willen und des Unverstands. Mit beiden muß ein Feldzug rechnen. *Er sieht auf die Uhr* In nicht mehr zehn Minuten, am Schritt der Polizisten gemessen, wirst du in Ketten deinem Vater zugeführt. Du stehst vor ihm, der Ketten ledig, Aug in Auge. Und er wird dein Urteil sprechen: es lautet auf Zwangsarbeit. Was – wirst du dann tun?
Er steht vor ihm, ganz nahe.

DER SOHN *weicht zurück* An welchem Ende der Welt stehn wir ... kann der Gedanke noch weiter ... mir schwindelt ...

DER FREUND *folgt ihm nach* Was wirst du tun? Wohin gehst du?

DER SOHN *an die Mauer gedrängt* Du bist furchtbar. – Hier ist nichts mehr – *schreiend* Vatermord!!!!

DER FREUND *tritt zurück* Gott ist bei dir.

DER SOHN *stürzt heftig nach vorne, packt ihn am Arm* Ich kann es nicht! Ich kann es nicht! *In gräßlicher Angst* Laß mich los! *Er fällt ihm zu Füßen* Ich bitte dich!

DER FREUND *eisern* Mensch! Nachdem der ungeheure Gedanke in dein Inneres zog, wirst du ihm nicht mehr entrinnen. Du bist ihm verfallen mit Leib und mit Seele. Du hast keine Ruhe mehr. Geh hin und führe ihn aus!

DER SOHN *nach einer langen Weile* Wie darf ich ein Leben töten – ich – der ich kaum geboren bin. – Es gehört unmenschlicher Mut dazu, das kleinste Tier zu vernichten. – – Ich habe einmal einen Hund erdrosselt und konnte zehn Nächte nicht schlafen. Ich bin zu schwach. Mach mich nicht zum Mörder. Schon jetzt sind die Erinnyen in mir.

DER FREUND Ist Feigheit Trumpf? Und du wolltest in die Schlacht?

DER SOHN Rette mich vor dem furchtbaren Alb!

DER FREUND Und doch hast du eben mit kaltem Blut auf mich geschossen! Wie reimt sich das? Weshalb verfolgt dich mein Schatten nicht? Hab ich dir mehr getan als dein Vater? Antworte, weshalb konntest du es bei mir?

DER SOHN Wie gut gelang dieser Effekt. Ich verstehe – die Falle ist hinter mir zu. Ich bin um eine Festigkeit ärmer. Weh dir, du rettest mich nicht. Ich hasse dich maßlos! Jetzt fühl ich: ich könnte es tun.

DER FREUND Was liegt an uns und einem Toten. Hunderttausende werden leben.

DER SOHN Es gibt edle Väter!

DER FREUND Wir kämpfen nicht für die Ausnahme – wir kämpfen für die Tat!

DER SOHN Weshalb muß ich sie schaudernd vollbringen?

DER FREUND Weil dir und keinem andern die Macht gegeben ist.

DER SOHN *stolz empor* Was ich auch tue: nicht um deretwillen werd ich es tun. Was gehn mich diese an! Für mein eigenes, armes Geschlecht will ich zu Ende leiden. Mir allein ist das große Unrecht geschehn. Ich werde es tun! – Mit dir habe ich nichts mehr gemein.

DER FREUND Du gabst dein Wort.

Stille tritt ein.

Wenige Minuten noch und man hat dich befreit von

meiner Gegenwart. Werden wir uns wiedersehn?
Vielleicht nicht. Einer von uns könnte den großen
Sprung machen – möglicherweise nicht einmal du. Ich
meine *mit Geste* die restlose Entfernung ...
Der Sohn antwortet nicht.
Der Freund Ich könnte dir in spiritistischen Zirkeln
erscheinen. Doch ich lege keinen Wert darauf: Dann
schon lieber monistisch verwesen.
Indessen, auf dem schwankenden Boden noch nebeneinander,
sollten wir uns beide wenigstens klar
sein.
Der Sohn *wie abwesend* Schon aus diesem goldenen
Sterne entschwinden ... wieder in die Nacht ... wer
wird mir jetzt im Unglück helfen?
Der Freund *mit starker Stimme* Zum ersten, zum gewaltigsten
Male: du selber dir! Hier im Tode beginnt
dein Leben. Du stehst im größten aller Geschicke!
Was du bis dahin gelebt hast, waren Stubenarrest und
Nachtkapellen. Dir schien es nur so! Aber man lebt
nicht mit seinen Reklamesäulen. Zeige, mein Junge,
daß du nicht verloren bist!
Der Sohn *leise und demütig* Ich fürchte mich so vor
dem Sterben.
Der Freund Bist du noch nie gestorben? Wieso denn
überraschte ich dich dabei?
Der Sohn Da kannte ich die Welt nicht. Da war ich
reich. Da konnte ich sterben.
Der Freund Sei mutig; heute bist du besser.
Der Sohn Und als ich im Saale stand – vergißt du?
Der Freund Jetzt erst wirst du ganz du selbst sein.
Ich nehme Abschied von dir. Du hast mich überholt.
Ich kann dir nichts mehr geben.

DER SOHN Ich gehe zum Tode. Weißt du, was das heißt?

DER FREUND Er oder du! Der muß sterben, der sein Lebendigstes nicht vollbracht hat. Wer das Leben in einem andern Menschen haßt, darf den eignen Tod nicht fürchten. Ein Hund unterliegt ohne Kampf! Das beste an uns ist, daß wir die Gefahren wollen, daß wir ohne sie nicht geboren sind. So rette denn dein Geschlecht – unser aller Geschlecht: das Höchste, was wir besitzen. Wenn auch schlimm und vergänglich, einmal müssen wir dahin gelangen.

DER SOHN Und das Eine gegen Alles! Hat es Raum auf der alten Welt?!

DER FREUND Nieder, was uns bewuchert! Gib keinen Pardon – auch dir hat man nichts gegeben.

Schaudre nicht: Gott will, daß die Gesetze sich ändern.

DER SOHN Erwarten wir die Polizei. Diese kurzen Sekunden sind das Gottesgericht. Ich bin bereit zu gehn. Die Henker sollen mich mutig finden.

Nein, ich unterwerfe mich nicht.

Tritt keiner hier ein, mich zu fesseln, so will ich fliehn und kein Haar soll ihm gekrümmt sein. Wenn aber ja, *er hebt den Finger* ich schwöre! Und fordre den gräßlichen Zweikampf heraus. Aber ich will das Verbrechen sehn, daß ein Vater seinen Sohn den Schergen überliefert. Wenn das geschieht, ist die Natur entmenschlicht. Dann führe ein andrer meine Hand.

DER FREUND Gedenke dieses Schwurs!

DER SOHN Die Wolke am Himmel raucht. Ich könnte beten: Wende das Übel von mir ...

DER FREUND Du brauchst keinen Christus am Kreuz. Töte, was dich getötet hat!

DER SOHN *in Tränen* Ich bin schwach wie das kleinste Opfertier. Und doch. Ich habe die Kraft.

DER FREUND *in tiefer Ergriffenheit* Auch der Zweifel und die Versuchung sind uns gegeben und das Unendliche, damit wir fort und fort am eignen Willen scheitern, dennoch zum Größten gelangen. Glaub mir, der in alle Wasser getaucht ist, ich muß es zitternd sagen: Wir leben ja, um immer mehr und immer herrlicher zu sein. Und Glück und Qual und Wahnsinn sind nicht vergeblich – so laß uns wirken, Bruder, zwischen den Schatten, daß uns der Tod nicht erreicht vor unserm Ende. Nur ein kleiner Raum ist noch zwischen uns beiden – schon wölbt sich die Brücke des gemeinsamen Stroms.

Da gehst du nun hin. Und ich nenne deinen Namen mit Ehrfurcht; bald werden viele ihn nennen.

DER SOHN Gibt es denn Absolution für das, was ich tue?

DER FREUND Sie ist im Glauben der Menschen, deren Retter du wirst.

DER SOHN Und wenn es mißlingt? Wenn ein Spuk mich narrt? Wenn die Hoffnung scheitert?

DER FREUND Dann ständen wir nicht hier. Unsre kleine Existenz ist das Korn der großen Erfüllung. Du lebst nur das Schicksal deiner Geburt. Was einst dir die Brust bewegt hat – heute wirst du's vollenden.

DER SOHN Mir ist, als hätte ich längst gelebt.

DER FREUND So lebe von neuem! Lebe, deines Daseins endlose Kette zu begreifen. Zweifle nicht mehr! Ein Strahl bricht in unser armes Geschick. Bruder

vor dem Tode – wir dürfen noch einmal beisammen sein.
DER SOHN *in großer Bewegung* Gib mir deine Hand!
DER FREUND Kann ich noch etwas für dich tun?
DER SOHN Hier nimm das Geld. Ich erhielt es gestern. *Er gibt es ihm* Arm ging ich aus meinem Vaterhaus, und so will ich zurückkehren. – Glaube an mich!
Sie stehn sich hochentschlossen gegenüber.

Dritte Szene

Man klopft an der Türe.

DER SOHN *mit lauter Stimme* Herein!
Kriminalbeamte treten ein.
DER KOMMISSAR Welcher von den Herren ist der Sohn des Geheimrats?
DER SOHN Der bin ich.
DER KOMMISSAR *tritt auf ihn zu* Bitte, folgen Sie uns.
DER SOHN Ihr Ausweis?
DER KOMMISSAR *zeigt ein Schild* Hier.
DER SOHN *höflich* Ich danke. Erlauben Sie zur Klärung noch eine Frage: hat Sie mein Vater geschickt?
DER KOMMISSAR Wir haben Auftrag, Sie zu ihm zu führen.
DER SOHN Es ist gut.
Der Sohn und der Freund sehen sich an.
DER KOMMISSAR *tritt einen Schritt näher* Da Fluchtverdacht vorliegt, muß ich Ihnen die Hände fesseln.
DER SOHN Sie führen also einen Verbrecher?
DER KOMMISSAR *achselzuckend, mit Entschuldigung* Ich bedaure ...

Der Sohn *reicht beide Hände hin* Ich sträube mich nicht.
Er wird gefesselt. Die Beamten nehmen ihn in die Mitte. Sie entfernen sich.

Vierte Szene

Der Freund *allein, öffnet das Fenster* In den Wagen stoßen sie ihn. In Ketten! Nun stellt auf die Guillotine, ihr Henker! Euer Kopf wird fallen. *Er kommt nach vorne* Er wird es tun. Triumph! – Hier ist meine Kraft zu Ende. *Er sinkt in einen Stuhl* Mir scheint, an mir ist die Reihe ... *Er betrachtet sich wie ein Photograph* Ist die Pose gut so? Bitte recht freundlich! Wer knipst den Moment der Verwesung? *Er zieht eine kleine Flasche hervor* Nichts mehr als diese Sensation auf der Erde – das ist wenig. Man sollte nicht an sein Ende denken. *Er öffnet die Flasche und riecht daran* Verdammt! Die Neugierde ist groß. Stirbt man wirklich aus Interesse? Könnte man die Memoiren dieser Sekunde schreiben!? Aber der Ruhm ist traurig, und die Kunst reizt nicht mehr. Nein, lieber so.
Und selbst wenn er die Tat begeht, was ist geschehn? Er lebt und wird mich doppelt hassen – wenn der Mantel fällt.
Was hab ich ihm denn zugeredet? Ich werde verduften und mich Lügen strafen. Die Bejahung des Lebens ist nur einem Spitzbuben erlaubt, der im voraus weiß, wie er endet.
Es wird Zeit.

Monologe, bevor man stirbt, sind häufig. Ich lebte zu meiner Zufriedenheit. Ich schwör es: der Wahnsinn soll mich hier nicht erreichen! Ich komme den Geistern zuvor – *Er gießt die Flüssigkeit in ein Glas und besinnt sich* Herrliche Dinge fallen mir ein. Geist-Fabrikanten könnten an meinem Tode reich werden. Teufel, weshalb rede ich noch! Ich fürchte mich, so allein ins Jenseits zu traben!!! *Er springt zitternd auf und horcht* Was ist da: ein Schritt auf der Treppe? Das wird die süße Adrienne sein! Der Himmel gab ihr einen Beruf: sie soll mir die Vernichtung in einem Tropfen Champagner reichen ...
Er geht ihr entgegen.

Ende des vierten Aktes.

Fünfter Akt

Erste Szene

Wenige Stunden später.
Das Sprechzimmer des Vaters im elterlichen Hause. Ein langer Raum; in der Mittelwand rechts und links eine Türe, an den Seitenwänden je eine. Links steht der Tisch des Vaters mit Büchern, Telephon; davor Sessel mit Holzlehne. An der Mittelwand Glasschränke mit ärztlichen Utensilien, rechts ein Untersuchungstisch, aufklappbar. An der rechten Seitenwand der Bücherschrank. Davor, gegenüber dem Arbeitstisch des Vaters, ein kleinerer Tisch mit Stühlen. An der Wand die Rembrandtsche Anatomie.
Der Vater. Der Kommissar.

DER VATER Ich danke Ihnen, Herr Kommissar. – Hat mein Sohn sich zur Wehr gesetzt?

DER KOMMISSAR Der junge Mann war ganz ruhig. Wir hatten erwartet, einen Rasenden zu finden. Statt dessen trafen wir zwei Herren im Gespräch. Ein Anlaß, Gewalt anzuwenden, lag nicht vor. Trotzdem haben wir auf Ihren Wunsch die Hände gefesselt. Auch die Fahrt hierher verlief in voller Ruhe. Vielleicht, Herr Geheimrat, war die Maßregel etwas zu strenge. Ich als alter Menschenkenner habe nur mit Bedauern das Zwangsmittel ergriffen. Vielleicht ist es in Güte möglich, den jungen Mann auf die rechte Bahn zu führen. Ich bin überzeugt, er ist kein schlechter Mensch. Es gibt schlimmere Sorte!

DER VATER Herr Kommissar, ich habe ihn zwanzig Jahre beobachtet. Ich bin sein Vater, außerdem bin ich Arzt. Ich muß es wissen.
DER KOMMISSAR Verzeihung, Herr Geheimrat, ich wollte keineswegs ...
DER VATER Im Gegenteil: ich bitte um Ihr Urteil! Sie sind sicher ein erfahrener Mann, doch betrachten Sie die Dinge unter Ihrem Winkel. Ich glaube, ich täusche mich nicht. Ich habe reiflich überlegt, bevor ich mich entschlossen habe. Es ist keine Güte mehr möglich! Nur die äußerste Strenge kann ihn noch bessern. Dieser Junge ist verdorben bis auf den Grund seines Charakters. Er will sich meinem Willen entziehen – das darf unter keinen Umständen geschehn. Sie haben seine Reden nicht gehört! Die Jugend von heute läuft ja Sturm gegen alle Autorität und gute Sitten. Seien Sie froh, daß Sie nicht einen solchen Sohn haben.
DER KOMMISSAR Herr Geheimrat: ich habe Söhne. Und ich liebe sie! Ich könnte den Fluch der Schändung nicht auf ihr Haupt rufen. Ich kenne die furchtbare Tragödie zu sehr! Wir haben mit Tieren und Verbrechern zu tun. Bevor ich mein eignes Blut in diesen Abgrund stoße, lieber lebe ich nicht mehr. Selbst bei jugendlichen Kriminellen kennen wir vor dem Gesetz noch Verweise und Strafaufschub. Was hat Ihr Junge denn Schlimmes getan? Hat er geraubt, gefälscht, gemordet? Das sind die Kreaturen, mit denen wir rechnen müssen; das ist die Gesellschaft, in die Sie ihn treiben. Verzeihn Sie mir noch ein offenes Wort: Sie brandmarken ihn für sein Leben. Sie stempeln ihn mit der Marke des Gerichts. Er hat einen kleinen Ausflug gegen Ihren Willen unternommen ...

Der Vater *lacht höhnisch* Einen kleinen Ausflug!!

Der Kommissar Sie sind im Recht und werden ihn strafen. Aber rechtfertigt das eine Erniedrigung? Ich fürchte, die Fesseln sind nicht mehr gut zu machen. Herr Geheimrat – es kann ein Unglück geben!

Der Vater Er hat mir den Gehorsam verweigert; es ist nicht das erstemal. Wenn er, der doch mein Sohn ist, schimpflich mein Haus verläßt – was kann ich anders tun, als ihn meine Macht fühlen lassen! Ich bin sonst der Entehrte. Was wird man von mir denken? Wie wird man mich ansehn! Ich muß, wenn kein Mittel mehr hilft, zu diesem letzten greifen. Das schulde ich meiner Pflicht gegen mich – und gegen ihn. Ich glaube noch, ich kann ihn bessern. Er ist jung: dies sei ihm eine Warnung für sein ganzes Leben.

Herr Kommissar, Sie sind mir ein Fremder. Trotzdem habe ich Ihnen mehr gesagt, wie je einem Menschen. Bitte, vertrauen Sie mir. Alles lastet ja auf mir in dieser Stunde – ich will nur das Beste nach meinem Gewissen. Aber das darf ich nicht auf mir sitzen lassen! Sie sind selber Vater. Was täten Sie an meiner Stelle?

Der Kommissar Ein Wesen aus meinem Geschlecht, das in meinem Leben entsprungen ist, kann nicht verworfen sein. Das ist für mich das höchste Gesetz! Auch wir altern. Weshalb soll unser Sohn nicht jung sein?

Der Vater Und wenn er Sie beleidigt?

Der Kommissar Mein Sohn ist doch ärmer und schwächer als ich. Wie kann er mich beleidigen!

Der Vater Herr Kommissar, ich bin aktiv gewesen; ich habe für meine Ehre mit dem Säbel gefochten. Ich trage noch die Spuren, *er weist auf eine Narbe in seiner Wange* ich muß mein Haus rein halten. Ich kann mich auch von meinem Kinde nicht ungestraft beschimpfen lassen. Außerdem erachte ich die Verantwortung des Erziehers zu hoch, sich einem Zwanzigjährigen gleich zu machen.

DER KOMMISSAR Ich fürchte, wir reden einander vorbei. Ich habe auch in meiner Jugend gefochten. Aber die Zahl der Semester und Mensuren erscheint mir kein Maßstab. Unsere Söhne verlangen, daß wir ihnen helfen. Herr Geheimrat: Das müssen wir tun. Ob sie besser sind oder schlechter als wir, ist eine Frage der Zeit – nicht des Herzens.

DER VATER Ich bin bestürzt – verzeihn auch Sie mir die Offenheit in einer ernsten Stunde. Wie kann ein Vater, wie kann ein Beamter so reden! Unsre jungen Leute werden schlimmer und verderbter von Tag zu Tag. Das ist notorisch! Und dieser Fäulnis im kaum erwachsenen Menschen soll man nicht steuern!? Ich halte es für meine heiligste Pflicht, gegen die Verirrung zu kämpfen, und ich werde es tun, solange ich atme. In welcher Zeit leben wir denn? Hier lesen Sie in der Zeitung, wie weit es schon gekommen ist! *Er nimmt das Blatt und weist auf die Stelle* Gestern hat in einer geheimen Versammlung ein Unbekannter gegen die Väter gepredigt. Das kann nur ein Wahnsinniger sein!! Aber das Gift hören Tausende und saugen es gierig. Weshalb schreitet die Polizei nicht ein? Diese Bürschchen sind staatsgefährlich. Hinter Schloß und Riegel mit allen Verführern; sie sind der Auswurf der Menschheit.

DER KOMMISSAR *mit einem Blick in die Zeitung* Diese

Versammlung war der Polizei bekannt. Es ist ein Klub junger Leute. Er steht unter dem Protektorate einer hohen Persönlichkeit ...

Der Vater Auch das noch! Dann haben wir ja bald die Anarchie.

Der Kommissar Ich kann Sie über diesen Vortrag beruhigen. Er war nur gegen die unmoralischen Väter gerichtet.

Der Vater *höhnisch* Also gegen die Unmoralischen. Und die Regierung unterstützt das Treiben? Um so mehr ist es unsere Pflicht, sich gegen den Verrat in der eigenen Familie zu schützen. Nein, Herr Kommissar, die äußerste Strenge. Die äußerste Strenge!

Der Kommissar Wir sind die Leute des Gerichts. Wieviel Verdammnis sehn wir! Glauben Sie mir, ich will keinen Unschuldigen henken, geschweige denn meinen eigenen Sohn. Und wenn er mir tausendfach Unrecht tut – ich bin doch sein Vater! Soll er andere mehr lieben als mich? Wir Väter müssen erst unsre Söhne erringen, ehe wir wissen, was sie sind.

Der Vater Sie scheinen unter Söhnen etwas Absonderliches zu verstehn.

Der Kommissar *bescheiden* Ich verstehe darunter ein Wesen, das mir geschenkt ist, dem ich dienen muß.

Der Vater *erhebt sich* Herr Kommissar – wie gesagt: Ich danke Ihnen. Auch ich kenne meine Pflicht als Vater, allerdings in einem andern Sinne. Ich wünsche Ihnen keine Enttäuschungen! Ich werde es versuchen, selbst in diesem Falle noch, mit meinem Sohne in Güte zu reden – solange ich das vermag. Mehr kann ich nicht sagen. Ich bitte, führen Sie ihn mir jetzt zu.

Der Kommissar Ich werde Ihrem Sohne die Fesseln

abnehmen. Er wird den Weg zu Ihnen allein finden. *Er verbeugt sich und geht. Der Vater setzt sich in den Stuhl links an seinen Tisch.*

Zweite Szene

Der Sohn tritt durch die Mitteltüre langsam ein. Er ist noch immer im Frack und bleibt an der Türe in abwartender Haltung stehn.

DER VATER *steht auf, ihm entgegen* Da bist du. – *Er streckt die Hand aus* – Willst du mir nicht die Hand geben?

DER SOHN Nein, Papa.

DER VATER Wir haben miteinander zu reden. Setz dich. *Er geht zu seinem Tisch und betrachtet ihn* Du siehst nicht wohl aus – willst du etwas essen?

DER SOHN Ich habe keinen Hunger.

DER VATER Willst du dich erst umziehn und auf dein Zimmer gehn?

DER SOHN Nein; ich danke.

DER VATER *sitzt in seinem Sessel rückwärts zum Tisch* Nun, dann setz dich. Dann wollen wir reden.

Der Sohn setzt sich, ihm gegenüber, an den kleinen Tisch nach rechts.

DER VATER Du bist gestern abend, trotz des Verbotes, aus deinem Zimmer heimlich entflohn. – Wo warst du die Nacht?

DER SOHN Du hast die Polizei gerufen. Du hast mich gefesselt hierher bringen lassen.

DER VATER Ich wünsche eine Antwort auf meine Frage: wo warst du die Nacht?

DER SOHN Du hast, unter dem Deckmantel der Erziehung, ein Verbrechen an mir begangen. Dafür wirst du Vergeltung finden.

DER VATER *springt auf, beherrscht sich aber* Ich warne dich!

DER SOHN Ich bin nicht hier, um in Tönen des gestrigen Tages dich um etwas zu flehn, für das ich zu klein und zu niedrig dich erkannte. Ich bin hier, Rechenschaft von dir zu fordern – und Sühne: Auge um Auge. Du wirst kein überflüssiges Wort von mir hören. Heute werde ich die nüchterne Rolle spielen, in der du gestern verunglückt bist. Laß alle Gefühlchen beiseite. Willst du mich auf meinen Geisteszustand untersuchen – es steht dir frei. Ich phantasiere nicht. Soll ich mich auf diesen Tisch legen ...? *Er wendet sich zum Untersuchungstisch.*

DER VATER *zieht hinter dem Schreibtisch eine Hundepeitsche hervor und beugt sie, wie um sie zu prüfen, übers Knie* Sprich weiter!

DER SOHN *fährt auf die Geste mit der Peitsche schnell in seine Tasche und läßt die Hand dort* Als Auskultator minderer Individuen hast du vielleicht deine Verdienste. Doch hüte dich, die Peitsche zu berühren! *Er hebt, vom Vater unbemerkt, den Revolver halb aus der Tasche* Ich besitze mein eignes Attest. Ich bin durchaus gesund und weiß, was ich tue.

DER VATER *unwillkürlich eingeschüchtert, läßt momentan die Peitsche sinken, gleichzeitig verschwindet der Revolver in der Tasche des Sohnes* Man hat dich – in einem verrufenen Hotel – heute morgen gefunden. Was hast du darauf zu sagen?

DER SOHN Es ist die Wahrheit. Ich befand mich dort.

Zweite Szene

DER VATER *erstaunt* Du leugnest also nicht?

DER SOHN Keineswegs. Weshalb soll ich leugnen?

DER VATER *nimmt einen Bogen Papier und notiert, wie bei einem Verhör* Was tatest du dort?

DER SOHN Ich habe mit einer Frau geschlafen.

DER VATER *richtet sich starr auf* Du hast ... Genug. – Aus meinem Zimmer!

DER SOHN *ohne sich zu rühren* Unser Gespräch ist noch nicht zu Ende. Setz dich wieder. Ich sagte dir schon: es handelt sich um dich.

DER VATER Ich sage dir: hinaus!!

DER SOHN *erhebt sich ebenfalls* Du erlaubst also, daß ich mich entferne?

DER VATER Das Weitere hörst du auf deinem Zimmer.

DER SOHN *geht zur Mitteltüre und verschließt sie* Dann muß ich dich zwingen, mich zu hören. *Er nimmt den Schlüssel an sich und streckt drohend den Arm aus* Setz dich, oder es gibt ein Unglück! Du willst es nicht anders – du sollst es haben. *Er tritt auf ihn zu. Der Vater erhebt die Peitsche, als wollte er zuschlagen, aber von plötzlichem Schwindel ergriffen, fällt er rückwärts in den Sessel* Zum letzten, blutigsten Male frag ich dich hier: läßt du mich in Frieden aus deinem Hause? Du hast mich lange genug gequält. Doch die Gewalt am wehrlosen Kinde ist nun vorbei. Vor dir steht einer zum Äußersten entschlossen. Wähle! *Er wartet auf eine Antwort. Sie erfolgt nicht. Er geht zurück zu seinem Tische und setzt sich wieder* Reden wir weiter.

DER VATER *kommt langsam aus der Abwesenheit zu sich* Meine Haare sind weiß geworden ...

DER SOHN Was geht mich dein Haar an – denke an

deine Worte gestern! Ersparen wir uns die Altersjournale. Wir sind unter Männern: wenigstens halte ich mich dafür.

DER VATER Was willst du noch hier?

DER SOHN Mein Recht. Und diesmal bin ich willens es durchzusetzen – bis zu Ende.

DER VATER Danke deinem Schöpfer, daß ich in dieser Stunde zu alt war. Sonst ... Aber noch ist das letzte Wort nicht gesprochen. Rede also! Auf meinem Totenbette will ich den Vorwurf nicht tragen, der Erste gewesen zu sein. Rede zu Ende! Ich will volle Klarheit über dich haben, eh ich auch das Band zerreiße, das dich noch an mich kettet.

DER SOHN Papa, du wirst nichts mehr zerreißen. Ob so oder so auf deinem Totenbette – mich rührst du nicht mehr. Überlasse mich nur den Furien: sorge du, daß du in Ruhe sterben kannst. Deshalb höre und glaube was ich dir sage: gib mich frei. Ich stehe in furchtbarem Ernste vor dir!

DER VATER Ich lache über deinen Ernst. Ein Irrer steht vor mir.

DER SOHN Papa – laß uns alles vergessen. Aber hör diese Pose auf! Es geht um dein Leben!! Alles sei ungeschehen, Qual und Rache und Hinterlist. Streiche mich in deinem Herzen als Sohn. Und laß mich jetzt gehen!

DER VATER *höhnisch* Noch nicht, mein Sohn.

DER SOHN Nun denn –: als ich gestern aus deiner Gewalt entfloh, begleiteten mich viele, die im Garten versteckt waren, mit Revolvern.

DER VATER *aufmerksam* Was – soll das heißen?

DER SOHN *fortfahrend* Und in derselben Nacht, eine

Stunde später, hab ich zu ihnen geredet gegen euch, ihr Tyrannen, ihr Väter, ihr Verächter alles Großen – Ja, erblasse nur – ich bin nicht mehr in deine Hände gegeben: Dein Intellekt reicht nicht aus zum Gedanken, so beuge dich vor der Tat! Wir sind keine Irren, wir sind Menschen, und wir leben: leben doppelt, weil ihr uns töten wollt. Du wirst keinen Schritt aus diesem Zimmer tun, ohne daß Tausende, die ich rief, dich zerschlagen, bespeien, zertreten. So rächen wir uns an euch und an eurer Macht, und keiner von den Göttern wird uns verlassen. *Da er antworten will* Ja, ich habe die Revolution begonnen, inmitten der Folterkammer, wo ich stehe – und bald wird mein Name über Leitartikeln stehn. Jetzt kämpft ein Volk von Söhnen, wenn du längst in Staub zerfallen bist.
Hier – lies in deiner Zeitung, *er wirft ihm ein Blatt entgegen* zitterst du? Das ist dein wahres Gesicht! Ja, ich bin es gewesen! Ich habe geredet!

DER VATER Du lügst! Du lügst!

DER SOHN Hier ist die Maske des Unbekannten! *Er zieht sie hervor und schwingt sie durch die Luft* Zweifelst du noch? Ich bin es!!! Nun will ich dein Ende sehn – in deinem eignen Zimmer –

DER VATER *schwankend über dem Tisch* Sage, daß du lügst, ich vergesse mich sonst ...

DER SOHN *hochaufgerichtet* Läßt du mich frei? Ich will dein Geld nicht. Ich schenke es den Armen. Du darfst mich enterben. Ich will nur mein Leben, das Ärmste und Höchste! Ich habe noch viel zu tun auf der Welt. Ich will nicht verbluten an diesen Sekunden ...

DER VATER Ich bin dein Vater nicht mehr.

DER SOHN Du warst es nie! Vater – wer kennt es heute! Wo bin ich geboren! Ich war ein Stiefkind nur. Habe ich je einen Sohn, so will ich gut machen an ihm, was mir Übles geschehen. O wunderbar großes Licht, könnt ich es erleben, eines süßen Kindes Behüter zu sein!

DER VATER *in ganzer Härte vor ihm* Dein Wunsch ist erfüllt: Du hast keinen Vater mehr. Ich habe dir seine Hand geboten – Du hast sie verächtlich von dir gewiesen. Der Fluch komme über dich. Ich verstoße dich.

Aber weil du in dieser Nacht die Schande über mich gebracht hast, deshalb lösche ich dich aus. In meiner Todesstunde will ich an mein Wort denken –: ich habe vergessen, daß du mein Sohn bist.

Du siehst mich heute zum letztenmal.

Wage nicht mehr, mein Haus zu betreten; ich jage dich durch die Hunde hinaus. Hier nehme ich die Peitsche und werfe sie dir vor die Füße. Du bist nicht wert, daß meine Hand dich berührt. *Er tut es* Jetzt kannst du gehen.

DER SOHN Papa ...

DER VATER Sprich den Namen nicht aus!

DER SOHN Läßt du mich frei!?

DER VATER Frei? *Er lacht gellend* Noch ein Jahr bist du in meiner Gewalt. Noch ein Jahr kann ich wenigstens die Menschheit vor dir schützen. Es gibt Anstalten zu diesem Zwecke. Verlaß jetzt mein Zimmer und betritt es nicht mehr!

DER SOHN *mit eiserner Ruhe* Das Zimmer ist verschlossen. Hier geht keiner heraus.

Der Vater steht auf und geht langsam, schwerfällig zur linken Seitentür.

Zweite Szene

DER SOHN *mit furchtbarer Stimme* Halt! Keinen Schritt!!
Der Vater einen Augenblick wie gelähmt von dieser Stimme, setzt sich an den Tisch.
Der Sohn zieht den Revolver unbemerkt jetzt ganz aus der Tasche.
DER VATER Hilfe gegen den Wahnsinn ... *Er ergreift das Telephon.*
Der Sohn hebt den Revolver in die Höhe.
DER VATER *am Telephon* Bitte das Polizeiamt.
DER SOHN Sieh hierher! *Er zielt auf ihn und sagt mit klarer Stimme* Noch ein Wort – und du lebst nicht mehr.
Der Vater macht unwillkürlich eine Bewegung, sich zu schützen. Er hebt den Arm, das Telephon entfällt ihm. Er läßt den gehobenen Arm sinken. Sie sehen sich in die Augen. Die Mündung der Waffe bleibt unbeweglich auf die Brust des Vaters gerichtet – Da löst sich der Zusammengesunkene, ein Zucken geht durch seinen Körper. Die Augen verdrehen sich und werden starr. Er bäumt sich kurz auf, dann stürzt das Gewicht langsam über den Stuhl zu Boden. Der Schlag hat ihn gerührt.
Der Sohn mit unverändertem Gesicht, nimmt diese Stellung wahr. Sein Arm fällt herunter, dumpf schlägt der Revolver auf. Dann sinkt er automatisch, als setze sein Bewußtsein aus, in einen Stuhl nahe am Tisch.

Dritte Szene

Durch die Seitentür rechts tritt das Fräulein. Sie erblickt den Vater, eilt auf ihn zu und sieht, daß er tot ist. Dann erkennt sie den Sohn im Stuhl und kommt langsam auf ihn zu.

DAS FRÄULEIN
 Nun bist du wieder hier – und dir zu Füßen
 Vermischt sich Heimat mit dem Wunderland.
 Ist keine Stimme nah, dich zu begrüßen:
 sei nun willkommen einer Mutter Hand!
 Und deine Stirne, die so heiß gestritten,
 ich will sie trocknen dir in Angst und Not.
 Ich frage nicht; ich weiß, du hast gelitten.
 Er wird dich nicht mehr hassen. Er ist tot.

DER SOHN
 Kennst du den Knaben noch, der dir entschwindet?
 O glaube nicht, ich kehrte dir zurück. –
 Wo ist ein Mensch, der das noch überwindet!

DAS FRÄULEIN
 Mein armer Freund! Du bist nicht mehr im Glück.

DER SOHN
 Nein, Fräulein, die vergänglichen Gebärden
 entrücken mich des Horizonts nicht mehr.
 Ich weiß, daß Taten nur durch Opfer werden:
 mein Herz war übervoll – jetzt ist es leer.
 Doch hab ich es vollbracht, ich bin verschwendet.
 Vorbei ist nun die große Leidenschaft.
 Viel ist erfüllt – noch ist mir nichts vollendet;
 die Wolke zog dahin. Es blieb die Kraft.
 Und wenn ich über Tote jetzt ins Leben
 noch einmal schreite: dem hier bin ich fern.

Dritte Szene

Vermag ich nicht im Rausche zu entschweben,
entschweb ich denn auf einem neuen Stern –
Und was in meinem Geist steht ungeheuer,
bald seh ich es in letzter Klarheit Schein:
entzünd ich weiter, immer weiter Feuer,
Dann bin ich mehr als bin – dann werd ich sein!

Sie kniet vor ihn hin, wie er vor sie im zweiten Akt.

Ich seh den Himmel über Ihnen scheinen,
den ich in meiner ersten Nacht gesehn.
Und könnt ich heut an Ihrem Busen weinen,
Sie würden meine Träne nicht verstehn.
Und könnt ich heute noch die Worte sagen:
Geburt und Dasein – einst in Ihrem Schoß –
mich würde Ihre Liebe nicht mehr tragen,
ich bin zu arm. Die Erde ließ mich los.

Sie erheben sich langsam beide.

Ins schmerzlich Ungeliebte, in die Schwere
des tief Erkannten treibt mein Körper hin.
Umfängt mich auch die grenzenlose Leere:
voll Frucht und voller Segen ist mein Sinn.
Denn dem Lebendigen mich zu verbünden,
hab ich die Macht des Todes nicht gescheut.
Jetzt höchste Kraft in Menschen zu verkünden,
zur höchsten Freiheit, ist mein Herz erneut!

Sie reichen sich die Hände und gehen ab nach verschiedenen Seiten. Der Tote, in der Mitte des Saales, bleibt allein.

Ende des fünften Aktes.

Nachwort

Seit dem Sturm und Drang kennt die Literaturgeschichte immer wieder Perioden, in denen – wie auf Verabredung – plötzlich eine ganze Anzahl relativ junger Autoren auf den Plan treten, die einen Bruch mit herkömmlichen literarischen Traditionen propagieren und in ihren eigenen Werken nach neuen Themen und neuen Formen suchen. Das hat jeweils unterschiedliche sozial- und kulturgeschichtliche Gründe. Im Fall der um 1890 geborenen Autoren, die dann im sogenannten ›expressionistischen Jahrzehnt‹, also etwa zwischen 1910 und 1920, mit ihren Dichtungen Furore machen, sind es mehrere Aspekte der aktuellen politischen und sozialen Verhältnisse, die für ein verbreitetes Unbehagen sorgen. Da ist zunächst die »Verbindung von aristokratisch geprägter Welt, in der der Kaiser theatralisch auf sein Gottesgnadentum« pocht, und »kommerzieller, sich als politische Macht darstellender Interessen des Bürgertums«, weiterhin der »Widerspruch zwischen offiziell zur Schau getragener Idealität und praktiziertem Materialismus«, eine »allgemeine, bodenlose Verachtung des Geistigen«, »die Abhängigkeit öffentlicher Geltung vom Geldbesitz«, »die Unterwerfung unter den imperialistischen Gedanken«, die »Verbindung von wirtschaftlichem Interesse und militärischer Macht«, schließlich »hinter der Kulturfassade die Verachtung des Individuums«.[1] Gegen diese als durch und durch bedrückend erlebte Wirklichkeit und gegen ihre Repräsentanten protestieren die jungen, die expressionistischen Autoren – es ist auch ein Protest der Söhne gegen die Väter.

Zu diesen Expressionisten gehört – als ein besonders typischer – auch Walter Hasenclever, insbesondere mit seinem berühmtesten Werk, dem Drama *Der Sohn*. Sicherlich besit-

---

1 Günther Rühle, »Einleitung«, in: *Zeit und Theater*, Bd. 1: *Vom Kaiserreich zur Republik. 1913–1925*, hrsg. von G. R., Frankfurt a. M. / Berlin / Wien 1980, S. 10f.

zen derartige literaturgeschichtliche Klassifizierungen etwas Einseitiges, zumal wenn sie sich nur auf eines (oder allenfalls wenige) der Werke eines Autors beziehen. So hat Hasenclever außer dem *Sohn* eine Vielzahl weiterer Dramen geschrieben, darunter, vor allem in den zwanziger Jahren, etliche Komödien, er hat Gedichte verfaßt und eine große Anzahl von Feuilletons und kleineren Texten; auch zwei Romane stammen von ihm, die allerdings erst postum veröffentlicht worden sind. Dennoch hat es hinsichtlich des Expressionismus als einer literarischen Strömung durchaus seine Berechtigung, wenn Hasenclevers *Sohn* so besonders hervorgehoben wird. Das gilt, wie schon angedeutet, für das Thema und für manche formalen Züge dieses Dramas. Es gilt auch für dessen Theaterrezeption, die den spezifisch expressionistischen Bühnenstil mitbegründet hat.

Im übrigen verbindet nicht nur die gemeinsame Zuordnung zu der Strömung des Expressionismus, ob nun adäquat oder nicht, die Autoren dieses Jahrzehnts. Vielmehr finden auch etliche von ihnen ein vergleichbares Ende: sie gehören zu jenen, die durch den Nationalsozialismus ins Exil getrieben werden, und einige von ihnen sterben von eigener Hand. Unter diesen sind – neben so unterschiedlichen Schriftstellern wie Stefan Zweig (1881–1942) und Kurt Tucholsky (1890–1935) – gerade solche Autoren, die dem Expressionismus zugerechnet werden wie Alfred Wolfenstein (1883–1945), Carl Einstein (1885–1940), Ernst Toller (1893–1939) und Walter Hasenclever.

Hasenclever, 1890 geboren, entstammt einer großbürgerlichen Aachener Familie, sein Vater ist Arzt. Er studiert in Oxford, Lausanne und Leipzig zuerst Jura, dann Germanistik und Philosophie, leistet in den Jahren 1915 und 1916 Kriegsdienst und schreibt Dramen und Gedichte. Von 1918 an beschäftigt er sich intensiver mit dem Buddhismus und später (wie vor ihm u. a. August Strindberg) mit den Schriften Emanuel Swedenborgs, des schwedischen Mystikers aus dem 18. Jahrhundert. In den zwanziger Jahren ist er in Paris und anderen Städten als Zeitungskorrespondent tätig. 1933 beginnt sein Exil in Frankreich; immer wieder folgen Aufenthalte in mehreren anderen Ländern; 1938 wird er ausgebürgert. Nach dem deutschen Angriff auf Frankreich wird er 1940 in der Nähe von Aix-en-Provence interniert und stirbt an einer Überdosis Veronal, als er angesichts der militärischen Erfolge der Deutschen zu der Überzeugung gelangt, dem Nationalsozialismus nicht mehr entkommen zu können.[2]

Dieses Ende liegt freilich noch in weiter Ferne, als Hasenclever in den Jahren 1913 und 1914 in Leipzig und Heyst sur Mer (an der belgischen Küste) sein Drama *Der Sohn* verfaßt, ein Drama, in dem es in kämpferisch-optimistischer Tönung um Befreiung und Aufbruch geht. Einen der hernach als expressionistisch eingestuften Züge der dramatischen Gestaltung signalisiert bereits der Titel: es soll nicht um eine Einzelperson und deren individuelles Verhalten gehen, sondern um Figuren und Vorgänge von allgemeinerem Zuschnitt. Nicht ›ein‹ Sohn, sondern ›der‹ Sohn ist die Hauptfigur; er soll – trotz der natürlich dennoch unverkennbar individuellen Züge – ein Repräsentant vieler Söhne sein, ja für ein ganzes »Volk von Söhnen« (107) stehen.

Den Inhalt des Stücks, so hat es Hasenclevers Freund Kurt Pinthus schon 1914 formuliert, bildet »nicht das Handeln, sondern das Fühlen des Sohnes«[3]. Die äußere Handlung ist in der Tat eher dürftig. Der erste Akt und der Beginn des zweiten dienen der Exposition; sie entfalten die innere Befindlichkeit des Sohns, indem sie ihn im Gespräch mit Hauslehrer, Freund und Fräulein zeigen. Wollte man hier bereits nach einem Höhepunkt suchen, müßte man sich mit dem Kuß in der Szene II,6 begnügen (nachdem es in

---

2 Vgl. Bert Kasties, *Walter Hasenclever (1890–1940). Grundlagen einer Biographie*, Tübingen [im Druck].
3 Kurt Pinthus, »Versuch eines zukünftigen Dramas«, in: *Die Schaubühne* 10 (1914) S. 391–394, hier S. 392.

II,2 nicht zu einem Selbstmord gekommen ist). Worauf die Handlung eigentlich zielt, das sind die beiden Konfrontationen zwischen Vater und Sohn in den Szenen II,2 und V,2. Die dazwischen liegenden Vorgänge bilden, bezogen auf den Sohn, Stationen der Reifung (so im vierten Akt das Zusammensein mit Adrienne und die erneute Auseinandersetzung mit dem Freund), und sie ermöglichen, bezogen auf das Drama im ganzen, eine Anreicherung des zentralen Konflikts vor allem um gewisse politische Dimensionen und um die Diskussion moralisch-weltanschaulicher Werte. Im dritten Akt liefert dementsprechend der Bohemien-Club »Zur Erhaltung der Freude« den Rahmen für den mitreißenden Aufruf des Sohnes »zum Kampf gegen die Väter« (75) – einen ›politischen‹ Höhepunkt, der freilich hinter den Kulissen stattfindet. Und der Kommissar im fünften Akt läßt deutlich werden, daß in den Augen des Autors eine Entschärfung des Generationenkonflikts durchaus möglich wäre.

Den dramatischen Gipfelpunkt hinsichtlich der äußeren Handlung stellt sicherlich das Ende der Szene V,2 dar: das Gegenüber von Sohn und Vater, jener den Revolver, dieser den Telefonhörer in der Hand. Der Tod des Vaters bringt die äußere Handlung dann zu Ende; das Drama kehrt auf eine Ebene der eher symbolischen Vorgänge zurück: »Sie [das Fräulein] kniet vor ihn hin, wie er vor sie im zweiten Akt« (111) – ein Zeichen des überlegenen ›männlichen‹ Formats, das er inzwischen gewonnen hat –, und sie »gehen ab nach verschiedenen Seiten« (111), denn der Sohn wird seinen weiteren Weg allein gehen.

Was die Figuren und deren Charaktere betrifft, kreist natürlich das gesamte Geschehen einzig um den Sohn. Man spricht angesichts einer solchen dramatischen Struktur, die einer ganzen Anzahl expressionistischer Stücke zu eigen ist, von einem ›Ich-Drama‹ oder ›Protagonistendrama‹ oder ›einpoligen Wandlungsdrama‹, um die Konzentration auf einen einzelnen und dessen innere Entwicklung zu markieren.[4] Wie zitiert, geht es nicht so sehr um das Handeln, sondern um das Fühlen des Sohnes, um sein Seelenleben. Seine Stimmungen, Empfindungen, Sehnsüchte, Triebe, dies alles wird hier ausgebreitet – ein Spektrum unterschiedlicher emotionaler Regungen, die sich mit quasi explosiver Dynamik gegen alle bisherigen Unterdrückungen und Zwänge wenden.

Psychologische Differenziertheit, das sorgsame Zusammenfügen von Figuren aus psychologischen Details, das ist Sache des naturalistischen, nicht aber des expressionistischen Dramas. Hier geht es zuerst einmal um die Intensität des Fühlens und das damit verbundene Bewußtsein eines gesteigerten Daseins: »man lebt ja nur in der Ekstase« (10), meint der Sohn gegenüber dem Hauslehrer. Er fühlt sich offenbar vom Leben abgeschnitten und sehnt sich danach, endlich »eines Tages auch die Liebe und den Schmerz [zu] erfahren« (17). Die »Macht des Daseins«, »die unfaßbare Welt«, »die Seligkeit der Welt«, das »Übermaß des Geschauten« (18), »Schönheit und Größe« (20), dies alles erfüllt ihn, er möchte »die kommende Erde empfangen« (18), er fühlt sich »dem Ewigen näher«, er will wissen, »wer ich bin« und »die Wunder meines Lebens« schauen (27). Wie der Freund kommentiert, ist er »trunken vom Dasein« (18). Überdies bewegt ihn auch noch der Tatendrang: »Ich muß bald etwas Großes tun« (26), ein Tatendrang, der seitens des Autors freilich ein wenig ironisiert wird: Denn was will der Sohn tun? Er will »die transatlantischen Dampfer sehn« – ein recht kindlicher Erlebnishunger –, und er will sich »auch Frauen halten« (26)!

Unbeschadet dieser oft markierten Intensität besitzen die Gefühle andererseits doch auch bisweilen etwas Verschwommen-Zielloses: etwa wenn der Sohn für »die Ein-

---

4 Vgl. Horst Denkler, *Drama des Expressionismus. Programm, Spieltext, Theater*, München ²1979. – Annalisa Viviani, *Das Drama des Expressionismus. Kommentar zu einer Epoche*, München 1970.

samkeit« im Garten schwärmt (10) oder sich in der »Süßigkeit« freischwebender Phantasie-Bilder verliert (»Erzherzoginnen und fliehende Boulevards ...«, 8), auch findet die vage »Sehnsucht nach allem, was heute und herrlich ist« (44), nach Entgrenzung und Erfüllung in immer neuen Wendungen Ausdruck (»Ich will in die Ungeheuerlichkeit der Erde eintreten«, 41). Dennoch besitzen die Gefühle einen persönlichkeitsbildenden Wert, sie vermitteln eine emotionale Selbstvergewisserung. Zwar steckt in ihnen mitunter mancherlei Selbstbespiegelung und Koketterie; damit ist aber auch die Selbstreflexion und eben jene Selbstvergewisserung verbunden: »Ich habe es niemals als schimpflich empfunden, vor meinem eigenen Pathos zu knien, denn ich weiß, wie bitterernst meine Freude und mein Schmerz ist« (10). Die Grenzen zwischen dem reflektierten Selbstbezug und der puren Egozentrik sind hier fließend. – Nebenbei: daß der Sohn mitunter zur Egozentrik neigt, ist nicht zu verkennen: »Wie schön ist es«, meint er, »immer wieder zu erleben, daß man das Wichtigste auf der Welt ist!« (10) Der Hauslehrer kommentiert die Unreife einer solchen Haltung: »Später werden Sie erfahren, wie schwer es ist, einen andern zu lieben. Heute kennen Sie keinen als sich« (13).

Mag das Fühlen und auch die Exaltiertheit der Gefühle wichtig sein für die Atmosphäre dieses Dramas im ganzen, so sind in bezug auf den Charakter und die eigentlichen Ziele des Sohns vor allem zwei Richtungen von Bedeutung, in die seine Sehnsüchte hauptsächlich gehen, nämlich zum einen die »Sehnsucht, frei zu werden« (8), und zum andern die Sehnsucht nach Genuß, vor allem nach sexueller Erfüllung.

Das Stichwort »Freiheit« (39, 87) kehrt immer wieder; »gib mich frei!«, beschwört der zwanzigjährige, also noch unmündige Sohn den Vater im zweiten (44) und nochmals im fünften Akt (106). Dieses zunächst rein persönliche Begehren gewinnt immer mehr überindividuelles Format: der Sohn erwägt, schlechterdings »zur Befreiung des Jungen und Edlen in der Welt« (52) aufzurufen, und in seiner großen Rede im dritten Akt »predigt« er dann »die Freiheit« überhaupt (75), wie er schließlich noch in den letzten Worten des ganzen Dramas von der »höchsten Freiheit« spricht (111). Auch der Freund insistiert auf diesem Punkt; ihm zufolge soll der Sohn »wiederherstellen die Freiheit, der Menschen höchstes Gut!« (86) – eine pathetische Formulierung, die ebenso an Schiller erinnert, wie es die Gegenbegriffe tun: »Knechtschaft« (52), »Kampf gegen alle Kerker der Erde« (52).

Was solcherart nachgerade bei der Befreiung der Menschheit zu enden scheint – auf die politischen Implikationen ist unten noch einzugehen –, das beginnt, kehrt man nochmals in den persönlichen Bereich zurück, auch bei der sexuellen Befreiung als der anderen großen Sehnsucht des Sohnes. Wenn dieser klagt: ich »kämpfe mit allen Göttern und sterbe vor einer Frau, die ich noch nicht kenne« (12), dann sind es, wie das ganze Drama zeigt, nicht so sehr die metaphysischen Fragen nach den »Göttern«, sondern vor allem die sexuellen Wünsche, die ihn in Unruhe versetzen. Auch die erwähnte »Befreiung des Jungen und Edlen« verknüpft sich für ihn selbst mit einer ganz bestimmten Erwartung: »Bald werde ich [...] im Schoße geliebter Frauen Nektar und Ambrosia genießen« (52) – nachdem er, wie bereits zitiert, vorher schon in aller Unschuld den Plan verkündet hat: »Ich will mir [...] Frauen halten« (26) – die Ironie, mit der der Autor hier seinen Helden behandelt, ist unverkennbar.

Obwohl das Erotische als Sehnsucht des Sohnes immer wieder präsent ist, wird dieser doch erst durch den Freund auf die Schönheit und Weiblichkeit seiner Gouvernante aufmerksam gemacht. Er läßt es sich gesagt sein, küßt das Fräulein und konstatiert: »Ich werde Mensch!« (29) Indessen, er will mehr: er will »zum Manne werden« (30). Das Fräulein ist zwar bereit, »ein Opfer« zu bringen und sich ihm hinzugeben (31), damit er nicht gar an eine Prostituierte gerät. Aber genau dies geschieht hernach. Und als am Ende des fünften Akts das Fräulein vor dem Sohn kniet, ausdrücklich so »wie er vor sie im zweiten Akt« sich hingekniet hat (111), da demonstriert schon dieser bereits erwähnte Vorgang, daß er inzwischen reif geworden und gleichsam über das Fräulein hinausgewachsen ist.

Für den sittenstrengen Vater ist dieses Thema natürlich tabu. Zwar überlegt der Sohn allen Ernstes: »Man muß von seinem Vater verlangen, daß er uns mit freiem Herzen zur Hure führt« (79); aber dieses Begehren, das der Sohn sogar in seiner »nächsten Rede« behandeln will, läßt ihn nun fast schon selbst zur Karikatur werden. Der Vater jedenfalls scheint, auch ohne mit derart übertriebenen Fürsorge-Wünschen konfrontiert zu werden, seinem Sohn selbst noch die geringste Freude aus Prinzip zu versagen. Zwar seinen Kranken gegenüber voller Zuwendung und Behutsamkeit (vgl. 29) – er ist ja Arzt –, versagt er seinem Sohn alle emotionale Nähe. Ihm gegenüber hält er »die äußerste Strenge« (99, 102) für angebracht; die »Hundepeitsche« (104) als Erziehungsmittel ist dafür bezeichnend. Dabei ist der Vater kein Sadist, er will denn auch nicht als ein »Unhold« (43) erscheinen, sondern als ein Mensch mit – freilich starren – Prinzipien. Seine Stichworte lauten »Verantwortung« (37), »Ernst« (40), »Pflicht« (40, 43), er ist gegen »Ungehorsam« (43) und »Unkeuschheit« (45), er setzt ganz auf Leistung (vgl. 37), verdammt »Trotz und Hochmut« (46) und erwartet das Bekenntnis des »Dankes« und der »Ehrfurcht« (38, 45).

Amusisch in einer schwer nachvollziehbaren Weise – selbst die Goethe- und Schiller-Lektüre ist verpönt (17, 36), von Theaterbesuchen ganz zu schweigen (17, 37) –, hat er versucht, seinen Sohn fernzuhalten »von allem, was häßlich und gemein ist« (44), von der »Fäule dieser Zeit«, vom »Gift unserer Zeit« (44). »Die Jugend von heute läuft ja Sturm gegen alle Autorität und gute Sitten« (99). »Unsre jungen Leute werden schlimmer und verderbter von Tag zu Tag.« (101) Es ist »meine heiligste Pflicht, gegen die Verirrung zu kämpfen« (101).

Entsprechend dissonant sind die Begegnungen, in deren Verlauf die Haltungen und Argumente von Vater und Sohn an Unversöhnlichkeit immer mehr zunehmen. Schlägt der Vater dem Sohn erst ins Gesicht (42), so ändert er sein Verhalten, sobald der Sohn eine physische Schwäche zeigt (42f.), um am Ende doch wieder zur Peitsche zu greifen (104). Fällt der Sohn zuerst noch vor dem Vater nieder (38), so weicht er später zurück, als der Vater ihm auch nur die Hand auf die Schulter legt (44), um ihn am Ende sogar mit der Pistole zu bedrohen (109). Was die Argumente betrifft, so scheint der Sohn es zwar schon vorab wie eine unabwendbare Tatsache zu sehen, daß Vater und Sohn »Feinde« sind und »der erste Haß« zwischen ihnen steht: »Der Vater – ist das Schicksal für den Sohn« (11). Dennoch wirbt er hernach »mit dem Sturm meines Herzens« (38) um den Vater, und dies in Worten, die an Schillers *Don Carlos* erinnern: »Zerreiße die Fesseln zwischen Vater und Sohn – werde mein Freund« (41). Er bittet um »Vertrauen« (41), spricht von »Schmerz« (38) und »Verzweiflung« (40) und erinnert sich, »oft schuldlos gestraft« (39) worden zu sein – wie übrigens auch der Freund meint, der Sohn habe in seinen »20 Jahren« »ganz besonders viel »Leid erfahren« (74).

Erst die Zurückweisung – »Ich lag zu deinen Füßen und habe um deinen Segen gerungen, und du hast mich verlassen im höchsten Schmerz« (38) –, erst diese Zurückweisung läßt ihn im Vater wiederum den »Feind« sehen, läßt ihn vom »Kampf« sprechen und – mit Nietzsche-Anklang[5] – vom »Willen [...] zur Macht über unser Blut« (45). Später sieht er dann sogar »ein Verbrechen« an sich begangen, er

---

5 Vgl. Dieter Breuer, »Rückkehr zu Schopenhauer. Die Auseinandersetzung mit Vitalismus und Aktivismus in Walter Hasenclevers Dramen«, in: *Literatur und Theater im Wilhelminischen Zeitalter*, hrsg. von Hans-Peter Bayerdörfer [u. a.], Tübingen 1978, S. 238–257.

verlangt »Rechenschaft« und »Sühne« und droht mit »Vergeltung« (104). Väter sind schlechterdings »Tyrannen« und »Verächter alles Großen« (107).

Als die Diskrepanz unüberbrückbar geworden scheint, konstatiert der Vater: »Dieser Junge ist verdorben bis auf den Grund seines Charakters« (99). Damit ist ein Punkt erreicht, an dem die erzieherische Pflicht, auf die der Vater sich beruft, sich immer mehr als ein Vorwand entlarvt. Der Vater läßt erkennen, daß er sich ganz einfach persönlich »beleidigt« (100) fühlt: »Er [der Sohn] hat mir den Gehorsam verweigert« (100). Daher will er ihn seine »Macht fühlen lassen! Ich bin sonst der Entehrte. Was wird man von mir denken?« (100) Anstelle erzieherischer Gesichtspunkte ist hier offenkundig die Rücksicht auf die Gesellschaft entscheidend. Es geht um die »Ehre« (100): »Ich kann mich auch von meinem Kinde nicht ungestraft beschimpfen lassen.« (101) Schon vorher hat der Vater gemeint: »Ich will lieber mein Erbe mit eigner Hand zerstören, als es dem geben, der meinem Namen Schande macht« (48), und das ist ja nun das Zeugnis eines nachgerade fanatischen Starrsinns.

Während der Sohn »als Mann« von seinem Vater akzeptiert werden will, ist er für diesen nur »ein Knabe« (40). Der Vater besteht auf dem Abstand, er lehnt es ab, »sich einem Zwanzigjährigen gleich zu machen« (101); daher muß es ihm unvorstellbar sein, der »Freund« seines Sohnes werden zu sollen.

Gerade der Abstand aufgrund des Altersunterschiedes wird freilich für den Sohn zu einem siegverprechenden Argument: »Ich bin der Erbe, Papa! Dein Geld ist mein Geld« (41). Und: »Ich lebe länger als du!« (42) Selbst als der Vater den Sohn schlägt, sieht dieser darin eher ein Zeichen der »Schwäche« (42), auch den Ausdruck des Neides (»Du hassest ja nur den in mir, der du nicht bist«, 42).

Wenngleich der Sohn sich in einem scharfen Gegensatz zu seinem Vater befindet, bezieht das Drama dennoch nicht eine grundsätzlich antiautoritäre Haltung. Vielmehr bedient es sich ja der Figur des Kommissars vor allem dazu, einen ganz anderen, einen fürsorglichen, liebevollen Vater vorzuführen, des Kommissars nämlich, der von Amts wegen eine Verkörperung des autoritären Gebarens hätte sein können und der doch so dringlich für Versöhnlichkeit und Vertrauen plädiert. Zudem überläßt der Sohn sich – zum Teil mit Sträuben, dann aber doch fügsam – der Führung durch den Freund, der den Sohn das erreichen sehen möchte, was er sich selbst versagt wähnt. Obwohl nur zwei Jahre älter als der Sohn (18), ist der Freund ein Roué, der seine ganze Lebensenergie bereits im hemmungslosen Genuß verbraucht hat: »Alles was mich reizte, das hab ich genossen« (19); er fühlt sich »wurmstichig« (70), die Liebe ekelt ihn an (19), und er klagt, daß er »nichts mehr erlebe und nichts mehr opfern kann« (19). Angesichts einer morbid-koketten Selbstbespiegelung, wie sie seinen letzten Monolog beherrscht, muß alle Spontaneität verschwinden und alles zur »Pose« (96) werden. Noch dem Selbstmord gibt er schließlich eine geckenhafte Stilisierung: er will sich das Gift von der Prostituierten Adrienne in Champagner reichen lassen.

Was ihm im Vergleich mit dem Sohn fehlt, sind »Jugend und die Glut des Hasses« (86) und vor allem das Charisma: »Ich bin kein Redner. Die Flamme ist mir versagt« (85). Dennoch ist er es, der den Sohn zum Handeln zu bewegen sucht, der ihn »mit magischer Gewalt« (74) während der großen Rede im dritten Akt steuert, ihn hernach von Adrienne abbringt und ihm den Gedanken an den Vatermord einflößt. Er bedient sich dabei der quasi ›medialen‹ Eigenschaften, mit denen der Autor den Sohn ausstattet, nicht zuletzt wohl, um ihn aus dem Kreis der übrigen Personen herauszuheben. So hat der Sohn gleich eingangs eine »Offenbarung« (17), bei der es um den Tod eines Mädchens geht. Später, im dritten Akt, wird er »hypnotisch« vom Freund gelenkt; er hat ein »visionäres Gesicht« (72) und erscheint »unter der Suggestion fern und entrückt« (73). »Ein furchtbarer Wille« ermöglicht es dem Freund, den Sohn »unter seinen Gedanken zu zwingen« (75), ihn als Medium für »die Gewalt« seiner »Ideen« (85) zu gebrauchen: »Sogar während der Rede hab ich dir, ohne daß du es wußtest, Worte und Gesten diktiert.« (85f.) Daß allerdings dieser enorme »Wille« dem Freund dennoch nicht die Kraft verleiht, sein eigenes Leben zu gestalten, mag freilich merkwürdig erscheinen.

Überlegen erscheint der Freund zumal hinsichtlich der politischen Aspekte. Hasenclever hat 1916 zur Uraufführung des Stücks einen Text verfaßt, in dem es heißt: »Dieses Stück wurde im Herbst 1913 geschrieben und hat den Zweck, die Welt zu ändern.«[6] Das ist natürlich nicht eine konkrete politische Zielsetzung, sondern eine utopisch-moralische Intention (und man könnte dabei eine hintergründige Selbstironie vermuten, wenn nicht ähnliches auch von anderen zeitgenössischen Autoren in aller Unbescheidenheit formuliert worden wäre). Dem Inhalt des Dramas jedenfalls fehlen politisch klare Konturen. Dabei muß man nicht besonders auf die knabenhaft-verschwörerischen Züge und deren arg unpolitischen Charakter abheben: »Viele Freunde [...] stehn mit Revolvern hinter den Bäumen im Park« (50, vgl. auch 106). Auch die der Mystifikation dienende »schwarze Maske« (72) gehört hierher oder dem Umstand, daß der Vortrag im Klub um Mitternacht stattfindet, wie denn auch dieser Klub »Zur Erhaltung der Freude« etwas Unausgegorenes hat.

Die erwähnte Weltveränderung hat jedenfalls keine sozialrevolutionären Dimensionen. Überhaupt kommen soziale Aspekte hier kaum vor; und wenn der Sohn eingangs meint, er möchte »mit den Metallarbeitern in die Tiefe fahren, um auch dort noch zu empfinden, daß ich ein Mensch

---

6 Zit. nach: Walter Hasenclever, »Kunst und Definition [1918]«, in: W. H., *Gedichte, Dramen, Prosa*, hrsg. von Kurt Pinthus, Reinbek bei Hamburg 1963, S. 504.

bin« (18), dann ist das natürlich kein sozialpolitisches Programm, sondern vage Schwärmerei.

Wirklich politische Ideen werden in dem Klub »Zur Erhaltung der Freude« nicht vertreten. Cherubim, der – im Frack – sich »unerhört politisch« und »aufreizend im bürgerlichen Sinne« (55) äußern will, hat bei dem Reizwort »anarchistisch« (55) nur die ›Anti-Bürgerlichkeit‹ eines bohemienhaften Lebensgenusses vor Augen. Er würde zweifellos nie »um einer Idee willen alles opfern« (55) und macht im Gespräch unter vier Augen kein Hehl daraus, daß er »gleich im Saale ganz anders reden« werde als vorher (58). Implizit entlarvt dies das Hohle der Nietzsche-Anklänge und der aktivistischen Töne[7], die Cherubims Äußerungen würzen, nämlich in Formeln wie »den Gott der Schwachen und Verlassenen von seinem Throne stürzen« oder »Mut [...] zur Brutalisierung unsres Ichs in der Welt!« (59) Für Tuchmeyer ist Cherubim zwar »das repräsentative Ideal unsrer Idee« (56) – eine ziemlich unsinnige Äußerung –, aber es geht Cherubim offenkundig vor allem um Tuchmeyers Geld. Welchen Zweck der propagierte »Bund zur Umgestaltung des Lebens« (55) oder auch »Bund zur Propaganda des Lebens« (62) verfolgen sollte, bleibt unklar. Und wenn »die Möglichkeit einer neuen Religion« und der »Staatsstreich« (60) in einem Atemzug genannt werden, dann bewirkt einfach schon die Zusammenstellung, daß diese so gänzlich heterogenen Perspektiven sich wechselseitig relativieren. Regelrecht satirische Züge gewinnt die Darstellung in der Gestalt des Fürsten Scheitel, der, obzwar der Sohn des regierenden Fürsten, nach der Rede des Sohns, mitgerissen vom allgemeinen Taumel, auf den Tisch springt, die Freiheitsstatue mimt und als »Bruder Fürst« die Marseillaise anstimmt (76).

Wenngleich der Freund (76), Adrienne (77) und der Sohn

---

7 Zur Strömung des Aktivismus vgl. die einführende Darstellung von Gerhard P. Knapp, *Die Literatur des deutschen Expressionismus. Einführung, Bestandsaufnahme, Kritik*, München 1979, S. 114–131.

selbst (107) von einer »Revolution« sprechen, ist hinterher noch alles beim alten. Den ›politischen‹ Kern der Rede des Sohns bildet tatsächlich ja doch nur wieder der Generationenkonflikt. »Tod den Vätern, die uns verachten!« (52), ist ein Schlachtruf, der schon an früherer Stelle fällt. Demgemäß spricht der Sohn, wie Tuchmeyer teichoskopisch berichtet, von der »Marter unsrer aller Kinderzeit« und verlangt, daß die Väter, »die uns peinigen«, »vor Gericht« sollten (74). Zu guter Letzt zeigt er »die Striemen, die ihm sein Vater schlug – seine Narben« und ruft zum »Kampf gegen die Väter« auf (75). Daraufhin wird der »Bund [...] der Jungen gegen die Welt« (76) gegründet.

Auf welches Ziel das hinauslaufen soll, wird nur wenig klarer, als der Freund den Sohn von Adrienne ab- und zu seiner ›Mission‹ zurückzubringen sucht. Der Freund propagiert die »Tat« (85), er spricht von den »Reformatoren« (86), er verlangt, der Sohn solle die »Tyrannei der Familie zerstören, dies mittelalterliche Blutgeschwür; diesen Hexensabbath und die Folterkammer mit Schwefel! Aufheben die Gesetze – wiederherstellen die Freiheit, der Menschen höchstes Gut!« (86) Das sind zwar etwas wirre Metaphern (»Hexensabbath«), und es klingt zum Teil nach Schillers Räuber Karl Moor (insbesondere das Gegenüber von Gesetzen und Freiheit). Deutlich ist aber, daß der Freund den Kampf gegen die Väter auf die Institution ›Familie‹ ausdenen möchte. Er sucht seine Argumentation zu stützen, indem er eine reichlich waghalsige Analogie zwischen den sozialen Verhältnissen vor der Französischen Revolution (»gekrönte Häupter« und »Untertanen«) und dem Generationenkonflikt der Gegenwart (»Vater« und »Sohn«) herstellt und den jetzt gebotenen »Kampf« mit der damaligen »Rache« gleichsetzt (86 f.). Noch in der behaupteten Existenz eines »mächtigen Volkes von Söhnen« (88; vgl. 107) ist gleichsam die Kreuzung jener beiden Elemente erkennbar. Jedenfalls muß bis in die Bilder hinein – »Auf, die Fahnen und Schaffotte der Revolution!« (87) – die Französische Revolution für eine Anschaulichkeit sorgen, die anderswoher nicht zu beziehen ist.

Daß freilich der politische Inhalt des proklamierten Kampfes so vage ist, daß Vokabeln wie »Revolution« (87) oder »Umsturz« (88) vor allem um ihres Reizwertes und nicht um ihrer genauen Bedeutung willen verwendet werden, das darf nicht diesem Drama im besonderen zum Vorwurf gemacht werden. Man muß sich vielmehr vergegenwärtigen, daß auch andere Dramen dieser Zeit – wie z. B. Ernst Tollers *Wandlung* – in politischer Hinsicht (und zumal was die ›Revolution‹ betrifft) nicht konkreter und gegenstandsadäquater verfahren. Das gilt wohlgemerkt für Dramen, denen einfach das aktuelle politische Anschauungsmaterial fehlt, weil sie vor 1917/18 entstanden sind, also vor der Russischen Oktoberrevolution, vor dem Ende des Weltkriegs, vor der Novemberrevolution 1918 und vor den politischen Wirren in der ersten Zeit der Weimarer Republik. Entsprechend vage sind in dieser Zeit dann auch die Vorstellungen vom Dichter als politischem »Führer« in zahlreichen Texten (oft Gedichten), u. a. von Johannes R. Becher, Ludwig Rubiner, Toller und eben auch Hasenclever, der 1917 ein Gedicht mit dem Titel *Der politische Dichter* veröffentlicht und diesen Titel dann nochmals einer Sammlung von Texten gibt.[8]

Da die politischen Aspekte so wenig konkret sind, braucht es nicht zu verwundern, daß sich ebenso vage religiöse Momente hinzugesellen. Als der Sohn eingangs den Selbstmord erst in Erwägung zieht und dann doch verwirft, fühlt er sich »vom Tode erlöst« (18). »Du hast den Tod überwunden«, sagt der Freund, nachdem er bereit war – er selbst! –, den Sohn zu erschießen, und es dann doch nicht dazu gekommen ist (88). Als »der ungeheure Gedanke« an

---

8 Vgl. daraus: »Sein [des Dichters] Haupt erhebt sich, Völker zu begleiten. / Er wird ihr Führer sein. Er wird verkünden.« Hasenclever, *Gedichte, Dramen, Prosa* (s. Anm. 6), S. 23.

einen Vatermord[9] – »Vatermord!!!!« – Gestalt gewinnt, kommentiert der Freund: »Gott ist bei dir« (90). Gerade in diesem Gespräch zwischen Sohn und Freund breitet sich eine zunehmend pseudoreligiös-existentielle Stimmung aus. »Gott will es«, meint der Freund, nämlich daß der Sohn aktiv werde (86), es ist eine »heilige Pflicht« (88), »Gott will, daß die Gesetze sich ändern« (93). Als »Gottesgericht« (93) möchte der Sohn die Frage ansehen, ob er mit Gewalt zu seinem Vater zurückgebracht werden wird. Verstreut tauchen Stichworte auf wie »beten«, »Christus am Kreuz«, »Opfertier«, »Versuchung«, »Absolution« (93 f.), die in ihrer Summierung jenes religiöse Klima fördern. In höchster Aufgipfelung ist dann vom »Glauben der Menschen« die Rede, »deren Retter« der Sohn werden wird, mithin vom Glauben an ihn wie an eine messianische Gestalt (94). In der ›Verkündigung‹ (»höchste Kraft in Menschen zu verkünden«, 111), auf die der Sohn sich am Ende vorbereitet, geht das Politische dann endgültig ins Religiöse über.

Hinsichtlich der Form fällt, abgesehen von der ganz traditionellen fünfaktigen Anlage, die schon erwähnte Konzentration auf eine einzelne Figur ins Auge. Diese Struktur hat Konsequenzen für die Personengestaltung, soweit die mitspielenden Figuren, statt selbst individueller ausgestaltet zu sein, vor allem hinsichtlich ihrer Beziehung zur Hauptperson von Belang sind. Unter Umständen erfüllen sie dann überwiegend die Aufgabe, die Hauptperson besser ins Licht zu rücken. Das gilt etwa für den Hauslehrer, der ja nur in der ersten Szene auftritt und der eine weitgehend expositorische Funktion hat: er trägt dazu bei, den Leser über die Konfrontation zwischen Vater und Sohn zu informieren, und er ermöglicht es dem Sohn, sein Inneres zu offenbaren.

Was den Stil betrifft, wirkt der Wechsel von der Prosa zu

---

9 *Vatermord* ist übrigens der Titel eines 1915 entstandenen Dramas von Arnolt Bronnen (1895–1959).

Versen, gereimten fünffüßigen Jamben, im ersten, zweiten und fünften Akt besonders auffällig. Dieser Wechsel vermittelt der Sprache natürlich eine besondere Rhythmisierung. Der gehobene Tonfall indessen ist ein Charakteristikum nicht nur der Verse, sondern durchgehend auch der Prosa. Ihm kommt gelegentlich die poetisierende Wirkung von Inversionen entgegen (»Gib mir den Duft wieder einer Blume«, 19; »Werde ich manchmal dich sehen [...] ?«, 33). Vor allem aber gehört das Vokabular einem höheren Sprachniveau an. Hervorzuheben ist dabei die emphatische, emotional geladene Sprache, das Leidenschaftlich-Pathetische – das Stichwort »Pathos« fällt sogar zweimal (10, 59) –, die Verwendung zahlreicher kühner Metaphern (»Freude – etwas, was golden an die Firmamente rollt«, 39), übrigens ohne Scheu vor Übertreibungen (das Arbeitszimmer des Vaters als »Folterkammer«, 107; der Sohn zum Vater: »Und ich will, ja ich will etwas von dir erreichen, und sei es nur eine Wimper deines Auges«, 40). Biblische Anklänge, die natürlich mit den eben erwähnten religiösen Momenten in Verbindung stehen, fallen immer wieder auf (»Mein Leben komme nun über mich!«, 44). Auch wuchtige Bilder im Tonfall der griechischen Mythologie begegnen mitunter (»Wehe dir, wenn du deinen Fluch rufst in die Gefilde dieses Glücks – er fällt auf dich und dein Haus!«, 46).

Daß die oben erwähnten knabenhaften Züge sich gelegentlich in leicht prahlerischen Tönen auch sprachlich äußern (»ich schwöre! Und fordre den gräßlichen Zweikampf heraus«, 93), dies braucht nicht über Gebühr hervorgehoben zu werden, wie denn das Ganze auch nicht immer frei von Klischees ist, etwa wenn das Fräulein »allein am Fenster« dem enteilenden geliebten Jüngling hinterherschluchzt, »in Dunkelheit und Tränen ungestillt« (53).

Im Vergleich dazu eher bemerkenswert ist der Tonfall des Spottes, der ab und zu durchklingt: »Es riecht nach Heilsarmee« (13), womit der Sohn eine Äußerung des etwas frömmelnden Hauslehrers kommentiert; oder wenn er über den

Vater sagt: »Die Krankenkasse betet ihn an; ich lache ihn aus« (51). Während der Spott immerhin noch von den Figuren und eben auch der Hauptfigur selbst wie ein Kampfmittel verwendet werden kann, begegnet darüber hinaus verschiedentlich ein Stilzug, der das Gebaren und die Äußerungen des Sohnes ihrerseits relativiert und ihrem Pathos ganz entgegengesetzt ist, nämlich die oben schon beiläufig erwähnte Ironie. Nicht zuletzt die Naivität und die Jugendlichkeit des Sohnes werden wiederholt mit einer meist feinen und dezenten Ironie behandelt, so etwa seine Vorstellung, auf Reisen zu gehen, wenn er nur erst geerbt habe: »Dann werden wir in den Louvre gehn und mit arabischen Mädchen soupieren« (9 f.). Ähnlich steht es im vierten Akt: der Sohn äußert sich beim Frühstück schwärmend über des Lebens »Ströme, dunkle und unbewußte«, und Adrienne antwortet: »Gib mir die Butter!« (79 f.) Und als der Sohn in derselben Szene martialisch verkündet: »Ich begreife einen Mann, der ein Weib tötet, das ihn durchschaut«, da meint Adrienne lakonisch: »Aber Bubi! Wer wird schon von so etwas reden – in deinem Alter!« (82)

Nicht von sonderlicher Bedeutung in stilistischer Hinsicht sind übrigens die literarischen Reminiszenzen. Wie oben erwähnt, erinnert der Tonfall hie und da an Schiller; das gilt auch für die eben berührte Stelle mit dem Schwur des Sohnes (»ich schwöre!« usw.), die an die Schwüre des Schillerschen Räuberhauptmanns Karl Moor erinnert. Die Parallelität zu Faust im Zusammenhang mit dem nicht ausgeführten Selbstmord, die vom Freund als ein »Plagiat an Faust« (17) bezeichnet wird, betrifft dagegen die Handlung und nicht den Stil. Allerdings gemahnen die Schlußverse – »Ins schmerzlich Ungeliebte...« – an den Sprachstil mancher *Faust*-Passagen (etwa in bezug auf die Substantivierung von Adjektiven: das Ungeliebte, des Erkannten, dem Lebendigen).

Es ist nicht zu verkennen, daß das Drama auch mancherlei Unausgeglichenes enthält. Das beginnt bei Banalitäten wie der Schnur, mit der der Sohn sich aufhängen will und die er dann mühelos in Stücke reißt. Und es endet bei der die gesamte Struktur mitbestimmenden Unentschiedenheit zwischen der ganz individuellen Konstellation und deren überindividueller Repräsentanz, also zwischen den persönlichen Erfahrungen, die Hasenclever hier verarbeitet hat, und dem Charakter des Allgemeinen, den er ihnen zuerkennen möchte. Dieser Konflikt konkretisiert sich in der schwankenden Bewertung von ›Wille‹ und ›Tat‹. Das Schwanken läßt sich mit Hasenclevers zeitweise unentschiedener Haltung gegenüber dem Aktivismus begründen und diese Unentschiedenheit wiederum als ein Schwanken zwischen den Positionen Nietzsches und Schopenhauers, mit denen Hasenclever sich beschäftigt hat.[10] Auch ein Blick auf die Entstehungsgeschichte ist hier hilfreich, da Hasenclever nämlich den dritten und die folgenden Akte unter dem vergleichsweise unmittelbaren Einfluß des mit ihm befreundeten Kurt Hiller geschrieben hat, des Propagators des Aktivismus.[11] Und es fällt ja ins Auge, daß die Fixierung auf eine »Tat« (107) erst vom dritten Akt an in den Vordergrund tritt und der zunächst persönliche Konflikt zwischen Sohn und Vater erst hier ausgedehnt wird zum Kampf der Söhne gegen die Väter schlechthin.

Erkennbar wird jene Unentschiedenheit in der uneinheitlichen Personengestaltung. Daß der Freund, der die »Tat« so sehr propagiert, im ersten Akt gänzlich morbid-energielos erscheint, daß ihn dann im dritten Akt ein »furchtbarer Wille« (75) erfüllt und daß im vierten bereits wieder seine »Kraft zu Ende« ist (96), dies ist ein auffälliges Signal für die Vorbehalte, die Hasenclever auch in der zweiten Hälfte des Dramas gegenüber dem Aktivismus bewahrt. Auch der Vater, gütiger Arzt und peitschenschwingender Erzieher, kann schon deshalb nicht der Repräsentant der Väter schlechthin sein, weil das Drama ihn mit dem Kommissar als

---

10 Vgl. die Darstellung Breuers (s. Anm. 5).
11 Vgl. die Darstellung Kasties' (s. Anm. 2).

einem ganz anders gearteten Vater konfrontiert. Mit dem Blick auf diesen Kommissar wiederum muß jedoch ein »Kampf gegen die Väter« schlechthin (75) zunehmend problematisch erscheinen. Und so braucht es nicht zu wundern, daß der Sohn am Schluß sich merkwürdig ambivalent äußert, von Leere und Fülle zugleich spricht, den Taten die Opfer gegenüberstellt. »Denn dem Lebendigen mich zu verbünden, / hab ich die Macht des Todes nicht gescheut« (111) – was zweierlei heißen kann: ›habe ich mein Leben aufs Spiel gesetzt‹ oder ›habe ich den Tod gebracht, nämlich dem Vater‹. In jedem Fall enthält das Bündnis mit dem Lebendigen ein Moment von Gebrochenheit, die Begegnung mit dem Tod.

Im Hinblick auf die erwünschte Bühnenrealisierung sei noch die Musik erwähnt, die verschiedentlich vorgesehen ist (in den Szenen II,4, II,5, III,3, III,5) und die, wenngleich nur ansatzweise, in der Szene II,4 an die Stelle der Sprache tritt.

Die Uraufführung des 1914 gedruckten Stücks fand am 30. September 1916 unter der Regie von Hans Demetz in den Kammerspielen des Deutschen Landestheaters in Prag statt. Zum »ersten durchschlagenden Stück des Expressionismus«[12] wurde *Der Sohn* freilich mehr noch nach der deutschen Erstaufführung am 8. Oktober 1916 im Albert Theater Dresden unter der Regie von Adolf Edgar Licho. Aus Zensurgründen handelte es sich um eine einmalige Matinee in einer geschlossenen Aufführung vor geladenen Gästen. In dieser Aufführung schaffte der hernach berühmte Schauspieler Ernst Deutsch den Durchbruch; er wirkte, meint Pinthus, wie »des Dichters Zwillingsbruder auf der Bühne: Typ des ewigen feurigen Jünglings«[13]. Er »schritt« – einer Rezension zufolge – »in Trance durch die Akte, Ab-

---

12 Günther Rühle, »Kommentar«, in: *Zeit und Theater*, Bd. 2: *Vom Kaiserreich zur Republik. 1913–1925*, hrsg. von G. R., Frankfurt a. M. / Berlin / Wien 1980, S. 852.
13 Kurt Pinthus, »Vorwort«, in: Hasenclever, *Gedichte, Dramen, Prosa* (s. Anm. 6), S. 20.

*Bühnenbildentwurf von Ludwig Sievert
zur Mannheimer Aufführung des Stückes, 1918*

bild des Ekstatikers, tiefäugig, glühend«[14]. Im ganzen war die Aufführung dennoch eher traditionell gehalten, sie erinnerte an ein realistisches Familiendrama im Stile Henrik Ibsens. Die erste öffentliche und tatsächlich auch im Bühnenstil »konsequent expressionistische Inszenierung«[15] fand am 18. Januar 1918 am Hof- und Nationaltheater Mannheim

---

14 Zit. nach: Günther Rühle, *Theater für die Republik im Spiegel der Kritik*, überarb. Nachaufl., Bd. 1: *1917–1925*, Frankfurt a. M. 1988, S. 106. – Der Rezensent hieß Camill Hoffmann.
15 Rühle, »Kommentar« (s. Anm. 12), S. 858.

statt. Regie führte Richard Weichert, dem es nach Meinung des anwesenden Autors gelang, den geistigen Gehalt des Stücks auf die Bühne zu bringen. Strenge Stilisierung, Zurücknahme alles Gefälligen waren Grundzüge der Inszenierung und vor allem eine ungewöhnliche Lichtregie: das Licht, das vornehmlich für Schwarz-Weiß-Kontraste sorgte, war ganz auf den Protagonisten konzentriert, so daß die anderen Figuren eher schattenhaft wirkten und für Verkörperungen der eigentlich im Inneren des Sohnes vorhandenen Kräfte gehalten werden konnten.

Wie bei manchen anderen expressionistischen Dramen brachte offenbar auch hier erst die ›expressionistische‹ Inszenierung die im Text angelegte Radikalität wirklich zum Vorschein. Hasenclever jedenfalls meinte, in dieser Inszenierung »ein absolutes Theater« zu erleben, das seinem weiteren Schaffen die Richtung wies.[16]

Georg-Michael Schulz

---

16 Walter Hasenclever, »Mein Weg zur Komödie [1927]«, in: Hasenclever, *Gedichte, Dramen, Prosa* (s. Anm. 6), S. 506 f.

Literaturhinweise

Walter Hasenclever: Der Sohn. Ein Drama in fünf Akten. In: Die Weissen Blätter. Eine Monatsschrift. Leipzig. Jg. 1. Nr. 8. April 1914. S. 799–815 [Akt I]. – Nr. 9. Mai 1914. S. 955–974 [Akt II]. – Nr. 10. Juni 1914. S. 1070–1113 [Akt III–V]. [Erster vollständiger Vorabdruck.]
– Der Sohn. Ein Drama in fünf Akten. Leipzig: Kurt Wolff, 1914. [Erster Buchdruck.] – 2. Aufl. 1917. – 3. Aufl. 1918.

Kurt Pinthus: Versuch eines zukünftigen Dramas. In: Die Schaubühne 10 (1914) S. 391–394.
– Vorwort: Walter Hasenclever, Leben und Werk. In: Hasenclever: Gedichte, Dramen, Prosa. Hrsg. von K. P. Reinbek bei Hamburg 1963. S. 6–62.
Walther Huder: Walter Hasenclever und der Expressionismus. In: Welt und Wort 21 (1966) S. 255–260.
Wolfgang Paulsen: Walter Hasenclever. In: Wolfgang Rothe (Hrsg.): Expressionismus als Literatur. Gesammelte Studien. Bern/München 1969. S. 531–546.
Miriam Raggam: Walter Hasenclever. Leben und Werk. Hildesheim 1973.
Dieter Breuer: Rückkehr zu Schopenhauer. Die Auseinandersetzung mit Vitalismus und Aktivismus in Walter Hasenclevers Dramen. In: Literatur und Theater im Wilhelminischen Zeitalter. Hrsg. von Hans-Peter Bayerdörfer [u. a.]. Tübingen 1978. S. 238–257.
Günther Rühle: Kommentar zu: Walter Hasenclever, Der Sohn. In: Zeit und Theater. Bd. 2: Vom Kaiserreich zur Republik. 1913–1925. Hrsg. von G. R. Frankfurt a. M. / Berlin / Wien 1980. S. 852–864.
Bert Kasties: Walter Hasenclever (1890–1940). Grundlagen einer Biographie. Tübingen 1994.

Horst Denkler: Drama des Expressionismus. Programm, Spieltext, Theater. 2., verb. und erw. Aufl. München 1979.
Gerhard P. Knapp: Die Literatur des deutschen Expressionismus. Einführung, Bestandsaufnahme, Kritik. München 1979.
Wolfgang Paulsen: Deutsche Literatur des Expressionismus. Bern / Frankfurt a. M. / New York 1983.

Inhalt

Der Sohn 5

Nachwort 113

Literaturhinweise 135